最新法律文件解读丛书

行政与执行法律文件解读

XINGZHENG YU ZHIXING FALÜ WENJIAN JIEDU

人民法院出版社 编

总第 235 辑　2024.07

人民法院出版社

图书在版编目（CIP）数据

行政与执行法律文件解读. 总第235辑 / 人民法院出版社编. -- 北京：人民法院出版社, 2024. 12. --（最新法律文件解读丛书）. -- ISBN 978-7-5109-4381-2

I. D922.105

中国国家版本馆CIP数据核字第2024DQ5792号

行政与执行法律文件解读·总第235辑
人民法院出版社　编

责任编辑	丁塞峨
出版发行	人民法院出版社
地　　址	北京市东城区东交民巷27号　邮编　100745
电　　话	（010）67550656（责任编辑）　67550558（发行部查询）
	65223677（读者服务部）
客服QQ	2092078039
网　　址	http://www.courtbook.com.cn
E - mail	courtbook@sina.com
印　　刷	三河市国英印务有限公司
经　　销	新华书店
开　　本	787毫米×1092毫米　1/16
字　　数	115千字
印　　张	8
版　　次	2024年12月第1版　2024年12月第1次印刷
书　　号	ISBN 978-7-5109-4381-2
定　　价	28.00元

卷首语

　　为了加强对文物的保护，传承中华民族优秀历史文化遗产，促进科学研究工作，进行爱国主义和革命传统教育，增强历史自觉、坚定文化自信，建设社会主义精神文明和物质文明，2024年11月8日第十四届全国人民代表大会常务委员会第十二次会议第二次修订《中华人民共和国文物保护法》（以下简称《文物保护法》）。本辑收录了最新修订的《文物保护法》，以供读者参考、学习。

　　为贯彻落实党的二十大关于"深化司法体制综合配套改革，全面准确落实司法责任制"的部署，最高人民检察院组织专门力量对2015年9月出台的《关于完善人民检察院司法责任制的若干意见》进行了全面修订，形成《关于人民检察院全面准确落实司法责任制的若干意见》（以下简称2024年《若干意见》）。该文件充分体现了党的二十届三中全会关于进一步全面深化改革、"确保执法司法各环节全过程在有效制约监督下运行""落实和完善司法责任制"的要求，是今后一个时期检察机关全面准确落实、健全完善司法责任制的框架性文件。本辑重点收录了2024年《若干意见》及其解读，方便读者理解其修订的背景和主要内容。

　　在本辑"指导案例、典型案例与解读"中，收录了《司法部发布第三批贯彻实施新修订行政复议法典型案例》。这批典型案例共6个，体现出以下鲜明特点：一是对行政执法共性问题的规范监督进一步深化；二是实质性化解行政争议的工作机制进一步完善；三是保障民生、服务群众法治需求的实效进一步增强；四是促进社会治理法治化的职能作用进一步发挥，对办理类案有重要指导意义。

最新法律文件解读丛书
编 辑 部

兰丽专　　（010）67550626

丁丽娜　　（010）67550608

杨晓燕　　（010）67550508

杨　洁　　（010）67550562

路建华　　（010）67550660

丁塞峨　　（010）67550656

投稿邮箱：

《刑事法律文件解读》　　5184621@qq.com

《民事法律文件解读》　　1216921515@qq.com

《商事法律文件解读》　　shangshijiedu@126.com

《行政与执行法律文件解读》　　1290312696@qq.com

目录

法律、法律性文件与解读

中华人民共和国文物保护法
  （2024年11月8日修订）·················· *1*

司法解释、司法指导性文件与解读

最高人民检察院
  关于印发《关于人民检察院全面准确落实司法责任制的
  若干意见》的通知
  （2024年7月4日）·················· *28*
解读《最高人民检察院关于人民检察院全面准确落实司法
  责任制的若干意见》·················· 高景峰 许栋梁 *39*

部门规章、规章性文件与解读

民政部 中央社会工作部 农业农村部 市场监管总局 全国工商联
  关于加强社会组织规范化建设推动社会组织高质量发展的意见
  （2024年9月25日）·················· *53*
解读《民政部、中央社会工作部、农业农村部、市场监管总局、
  全国工商联关于加强社会组织规范化建设推动社会组织
  高质量发展的意见》·················· 民政部有关负责人 *59*

国家市场监督管理总局
　关于印发《标准必要专利反垄断指引》的通知
　　（2024年11月4日）……………………………………………63
　解读《标准必要专利反垄断指引》
　　……………………………国家市场监督管理总局有关负责人 75

▍指导案例、典型案例与解读

司法部发布第三批贯彻实施新修订行政复议法典型案例
　（2024年9月24日）………………………………………………80

▍新类型疑难案例选评

被执行人某网络公司执行复议案
　——执行程序中股权回购之以物抵债的审查认定
　［评析］执行程序中股权回购之以物抵债的相关法律问题
　　…………………………………………………………白雪梅 108

法律、法律性文件与解读

中华人民共和国文物保护法

（1982年11月19日第五届全国人民代表大会常务委员会第二十五次会议通过　根据1991年6月29日第七届全国人民代表大会常务委员会第二十次会议《关于修改〈中华人民共和国文物保护法〉第三十条、第三十一条的决定》第一次修正　2002年10月28日第九届全国人民代表大会常务委员会第三十次会议第一次修订　根据2007年12月29日第十届全国人民代表大会常务委员会第三十一次会议《关于修改〈中华人民共和国文物保护法〉的决定》第二次修正　根据2013年6月29日第十二届全国人民代表大会常务委员会第三次会议《关于修改〈中华人民共和国文物保护法〉等十二部法律的决定》第三次修正　根据2015年4月24日第十二届全国人民代表大会常务委员会第十四次会议《关于修改〈中华人民共和国文物保护法〉的决定》第四次修正　根据2017年11月4日第十二届全国人民代表大会常务委员会第三十次会议《关于修改〈中华人民共和国会计法〉等十一部法律的决定》第五次修正　2024年11月8日第十四届全国人民代表大会常务委员会第十二次会议第二次修订）

目　录

第一章　总　则

第二章　不可移动文物

第三章　考古发掘

第四章　馆藏文物

第五章　民间收藏文物

第六章　文物出境进境

第七章　法律责任

第八章　附　　则

第一章　总　　则

第一条　为了加强对文物的保护，传承中华民族优秀历史文化遗产，促进科学研究工作，进行爱国主义和革命传统教育，增强历史自觉、坚定文化自信，建设社会主义精神文明和物质文明，根据宪法，制定本法。

第二条　文物受国家保护。本法所称文物，是指人类创造的或者与人类活动有关的，具有历史、艺术、科学价值的下列物质遗存：

（一）古文化遗址、古墓葬、古建筑、石窟寺和古石刻、古壁画；

（二）与重大历史事件、革命运动或者著名人物有关的以及具有重要纪念意义、教育意义或者史料价值的近代现代重要史迹、实物、代表性建筑；

（三）历史上各时代珍贵的艺术品、工艺美术品；

（四）历史上各时代重要的文献资料、手稿和图书资料等；

（五）反映历史上各时代、各民族社会制度、社会生产、社会生活的代表性实物。

文物认定的主体、标准和程序，由国务院规定并公布。

具有科学价值的古脊椎动物化石和古人类化石同文物一样受国家保护。

第三条 文物分为不可移动文物和可移动文物。

古文化遗址、古墓葬、古建筑、石窟寺、古石刻、古壁画、近代现代重要史迹和代表性建筑等不可移动文物，分为文物保护单位和未核定公布为文物保护单位的不可移动文物（以下称未定级不可移动文物）；文物保护单位分为全国重点文物保护单位，省级文物保护单位，设区的市级、县级文物保护单位。

历史上各时代重要实物、艺术品、工艺美术品、文献资料、手稿、图书资料、代表性实物等可移动文物，分为珍贵文物和一般文物；珍贵文物分为一级文物、二级文物、三级文物。

第四条 文物工作坚持中国共产党的领导，坚持以社会主义核心价值观为引领，贯彻保护为主、抢救第一、合理利用、加强管理的方针。

第五条 中华人民共和国境内地下、内水和领海中遗存的一切文物，以及中国管辖的其他海域内遗存的起源于中国的和起源国不明的文物，属于国家所有。

古文化遗址、古墓葬、石窟寺属于国家所有。国家指定保护的纪念建筑物、古建筑、古石刻、古壁画、近代现代代表性建筑等不可移动文物，除国家另有规定的以外，属于国家所有。

国有不可移动文物的所有权不因其所依附的土地的所有权或者使用权的改变而改变。

第六条 下列可移动文物，属于国家所有：

（一）中国境内地下、内水和领海以及中国管辖的其他海域内出土、出水的文物，国家另有规定的除外；

（二）国有文物收藏单位以及其他国家机关、部队和国有企业、事业单位等收藏、保管的文物；

（三）国家征集、购买或者依法没收的文物；

（四）公民、组织捐赠给国家的文物；

（五）法律规定属于国家所有的其他文物。

国有可移动文物的所有权不因其收藏、保管单位的终止或者变更而改变。

第七条 国有文物所有权受法律保护，不容侵犯。

属于集体所有和私人所有的纪念建筑物、古建筑和祖传文物以及依法取得的其他文物，其所有权受法律保护。文物的所有者必须遵守国家有关文物保护的法律、法规的规定。

第八条 一切机关、组织和个人都有依法保护文物的义务。

第九条 国务院文物行政部门主管全国文物保护工作。

地方各级人民政府负责本行政区域内的文物保护工作。县级以上地方人民政府文物行政部门对本行政区域内的文物保护实施监督管理。

县级以上人民政府有关部门在各自的职责范围内，负责有关的文物保护工作。

第十条 国家发展文物保护事业，贯彻落实保护第一、加强管理、挖掘价值、有效利用、让文物活起来的工作要求。

第十一条 文物是不可再生的文化资源。各级人民政府应当重视文物保护，正确处理经济建设、社会发展与文物保护的关系，确保文物安全。

基本建设、旅游发展必须把文物保护放在第一位，严格落实文物保护与安全管理规定，防止建设性破坏和过度商业化。

第十二条 对与中国共产党各个历史时期重大事件、重要会议、重要人物和伟大建党精神等有关的文物，各级人民政府应当采取措施加强保护。

第十三条 县级以上人民政府应当将文物保护事业纳入本级国民经济和社会发展规划，所需经费列入本级预算，确保文物保护事业发展与国民经济和社会发展水平相适应。

国有博物馆、纪念馆、文物保护单位等的事业性收入，纳入预算管理，用于文物保护事业，任何单位或者个人不得侵占、挪用。

国家鼓励通过捐赠等方式设立文物保护社会基金，专门用于文物保护，任何单位或者个人不得侵占、挪用。

第十四条 县级以上人民政府及其文物行政部门应当加强文物普查和专项调查，全面掌握文物资源及保护情况。

县级以上人民政府文物行政部门加强对国有文物资源资产的动态管理，按照国家有关规定，及时报送国有文物资源资产管理情况的报告。

第十五条 国家支持和规范文物价值挖掘阐释，促进中华文明起源与发展研究，传承中华优秀传统文化，弘扬革命文化，发展社会主义先进文化，铸牢中华民族共同体意识，提升中华文化影响力。

第十六条 国家加强文物保护的宣传教育，创新传播方式，增强全民文物保护的意识，营造自觉传承中华民族优秀历史文化遗产的社会氛围。

新闻媒体应当开展文物保护法律法规和文物保护知识的宣传报道，并依法对危害文物安全、破坏文物的行为进行舆论监督。

博物馆、纪念馆、文物保管所、考古遗址公园等有关单位应当结合参观游览内容有针对性地开展文物保护宣传教育活动。

第十七条 国家鼓励开展文物保护的科学研究，推广先进适用的文物保护技术，提高文物保护的科学技术水平。

国家加强文物保护信息化建设，鼓励开展文物保护数字化工作，推进文物资源数字化采集和展示利用。

国家加大考古、修缮、修复等文物保护专业人才培养力度，健全人才培养、使用、评价和激励机制。

第十八条 国家鼓励开展文物利用研究，在确保文物安全的前提下，坚持社会效益优先，有效利用文物资源，提供多样化多层次的文化产品与服务。

第十九条 国家健全社会参与机制，调动社会力量参与文化遗产保护的积极性，鼓励引导社会力量投入文化遗产保护。

第二十条　国家支持开展考古、修缮、修复、展览、科学研究、执法、司法等文物保护国际交流与合作，促进人类文明交流互鉴。

第二十一条　县级以上人民政府文物行政部门或者有关部门应当公开投诉、举报方式等信息，及时受理并处理涉及文物保护的投诉、举报。

第二十二条　有下列事迹之一的单位或者个人，按照国家有关规定给予表彰、奖励：

（一）认真执行文物保护法律、法规，保护文物成绩显著的；

（二）为保护文物与违法犯罪行为作坚决斗争的；

（三）将收藏的重要文物捐献给国家或者向文物保护事业捐赠的；

（四）发现文物及时上报或者上交，使文物得到保护的；

（五）在考古发掘、文物价值挖掘阐释等工作中做出重大贡献的；

（六）在文物保护科学技术方面有重要发明创造或者其他重要贡献的；

（七）在文物面临破坏危险时，抢救文物有功的；

（八）长期从事文物工作，做出显著成绩的；

（九）组织、参与文物保护志愿服务，做出显著成绩的；

（十）在文物保护国际交流与合作中做出重大贡献的。

第二章　不可移动文物

第二十三条　在文物普查、专项调查或者其他相关工作中发现的不可移动文物，应当及时核定公布为文物保护单位或者登记公布为未定级不可移动文物。公民、组织可以提出核定公布文物保护单位或者登记公布未定级不可移动文物的建议。

国务院文物行政部门在省级和设区的市级、县级文物保护单位中，选择具有重大历史、艺术、科学价值的确定为全国重点文物保护单位，或者直接确定为全国重点文物保护单位，报国务院核定公布。

省级文物保护单位，由省、自治区、直辖市人民政府核定公布，并报国务院备案。

设区的市级和县级文物保护单位，分别由设区的市、自治州人民政府和县级人民政府核定公布，并报省、自治区、直辖市人民政府备案。

未定级不可移动文物，由县级人民政府文物行政部门登记，报本级人民政府和上一级人民政府文物行政部门备案，并向社会公布。

第二十四条　在旧城区改建、土地成片开发中，县级以上人民政府应当事先组织进行相关区域内不可移动文物调查，及时开展核定、登记、公布工作，并依法采取保护措施。未经调查，任何单位不得开工建设，防止建设性破坏。

第二十五条　保存文物特别丰富并且具有重大历史价值或者革命纪念意义的城市，由国务院核定公布为历史文化名城。

保存文物特别丰富并且具有重大历史价值或者革命纪念意义的城镇、街道、村庄，由省、自治区、直辖市人民政府核定公布为历史文化街区、村镇，并报国务院备案。

历史文化名城和历史文化街区、村镇所在地县级以上地方人民政府应当组织编制专门的历史文化名城和历史文化街区、村镇保护规划，并纳入有关规划。

历史文化名城和历史文化街区、村镇的保护办法，由国务院制定。

第二十六条　各级文物保护单位，分别由省、自治区、直辖市人民政府和设区的市级、县级人民政府划定公布必要的保护范围，作出标志说明，建立记录档案，并区别情况分别设置专门机构或者专人负责管理。全国重点文物保护单位的保护范围和记录档案，由省、自治区、直辖市人民政府文物行政部门报国务院文物行政部门备案。

未定级不可移动文物，由县级人民政府文物行政部门作出标志说明，建立记录档案，明确管理责任人。

县级以上地方人民政府文物行政部门应当根据不同文物的保护需要，制定文物保护单位和未定级不可移动文物的具体保护措施，向本级人民政府报告，并公告施行。

文物行政部门应当指导、鼓励基层群众性自治组织、志愿者等参与不可移动文物保护工作。

第二十七条 各级人民政府制定有关规划，应当根据文物保护的需要，事先由有关部门会同文物行政部门商定本行政区域内不可移动文物的保护措施，并纳入规划。

县级以上地方人民政府文物行政部门根据文物保护需要，组织编制本行政区域内不可移动文物的保护规划，经本级人民政府批准后公布实施，并报上一级人民政府文物行政部门备案；全国重点文物保护单位的保护规划由省、自治区、直辖市人民政府批准后公布实施，并报国务院文物行政部门备案。

第二十八条 在文物保护单位的保护范围内不得进行文物保护工程以外的其他建设工程或者爆破、钻探、挖掘等作业；因特殊情况需要进行的，必须保证文物保护单位的安全。

因特殊情况需要在省级或者设区的市级、县级文物保护单位的保护范围内进行前款规定的建设工程或者作业的，必须经核定公布该文物保护单位的人民政府批准，在批准前应当征得上一级人民政府文物行政部门同意；在全国重点文物保护单位的保护范围内进行前款规定的建设工程或者作业的，必须经省、自治区、直辖市人民政府批准，在批准前应当征得国务院文物行政部门同意。

第二十九条 根据保护文物的实际需要，经省、自治区、直辖市人民政府批准，可以在文物保护单位的周围划出一定的建设控制地带，并予以公布。

在文物保护单位的建设控制地带内进行建设工程，不得破坏文物保护单位的历史风貌；工程设计方案应当根据文物保护单位的级别和建设工程对文物保护单位历史风貌的影响程度，经国家规定的文物行政部门同意后，依法取得建设工程规划许可。

第三十条 在文物保护单位的保护范围和建设控制地带内，不得建设污染文物保护单位及其环境的设施，不得进行可能影响文物保护单位安全及其环境的活动。对已有的污染文物保护单位及其环境的设施，依照生态环境有关法律法规的规定处理。

第三十一条 建设工程选址，应当尽可能避开不可移动文物；因特殊情况不能避开的，应当尽可能实施原址保护。

实施原址保护的，建设单位应当事先确定原址保护措施，根据文物保护单位的级别报相应的文物行政部门批准；未定级不可移动文物的原址保护措施，报县级人民政府文物行政部门批准；未经批准的，不得开工建设。

无法实施原址保护，省级或者设区的市级、县级文物保护单位需要迁移异地保护或者拆除的，应当报省、自治区、直辖市人民政府批准；迁移或者拆除省级文物保护单位的，批准前必须征得国务院文物行政部门同意。全国重点文物保护单位不得拆除；需要迁移的，必须由省、自治区、直辖市人民政府报国务院批准。未定级不可移动文物需要迁移异地保护或者拆除的，应当报省、自治区、直辖市人民政府文物行政部门批准。

依照前款规定拆除国有不可移动文物，由文物行政部门监督实施，对具有收藏价值的壁画、雕塑、建筑构件等，由文物行政部门指定的文物收藏单位收藏。

本条规定的原址保护、迁移、拆除所需费用，由建设单位列入建设工程预算。

第三十二条 国有不可移动文物由使用人负责修缮、保养；非国有不可移动文物由所有人或者使用人负责修缮、保养，县级以上人民政府可以予以补助。

不可移动文物有损毁危险，所有人或者使用人不具备修缮能力的，县级以上人民政府应当给予帮助；所有人或者使用人具备修缮能力但拒不依法履行修缮义务的，县级以上人民政府可以给予抢救修缮，所需费用由所有人或者使用人承担。

对文物保护单位进行修缮，应当根据文物保护单位的级别报相应的文物行政部门批准；对未定级不可移动文物进行修缮，应当报县级人民政府文物行政部门批准。

文物保护单位的修缮、迁移、重建，由取得文物保护工程资质证书的单位承担。

对不可移动文物进行修缮、保养、迁移，必须遵守不改变文物原状和最小干预的原则，确保文物的真实性和完整性。

县级以上人民政府文物行政部门应当加强对不可移动文物保护的监督检查，及时发现问题隐患，防范安全风险，并督促指导不可移动文物所有人或者使用人履行保护职责。

第三十三条 不可移动文物已经全部毁坏的，应当严格实施遗址保护，不得在原址重建。因文物保护等特殊情况需要在原址重建的，由省、自治区、直辖市人民政府文物行政部门报省、自治区、直辖市人民政府批准；全国重点文物保护单位需要在原址重建的，由省、自治区、直辖市人民政府征得国务院文物行政部门同意后报国务院批准。

第三十四条 国有文物保护单位中的纪念建筑物或者古建筑，除可以建立博物馆、文物保管所或者辟为参观游览场所外，改作其他用途的，设区的市级、县级文物保护单位应当经核定公布该文物保护单位的人民政府文物行政部门征得上一级人民政府文物行政部门同意后，报核定公布该文物保护单位的人民政府批准；省级文物保护单位应当经核定公布该文物保护单位的省、自治区、直辖市人民政府文物行政部门审核同意后，报省、自治区、直辖市人民政府批准；全国重点文物保护单位应当由省、自治区、直辖市人民政府报国务院批准。国有未定级不可移动文物改作其他用途的，应当报告县级人民政府文物行政部门。

第三十五条 国有不可移动文物不得转让、抵押，国家另有规定的，依照其规定。建立博物馆、文物保管所或者辟为参观游览场所的国有不可移动文物，不得改作企业资产经营；其管理机构不得改由企业管理。

依托历史文化街区、村镇进行旅游等开发建设活动的，应当严格落实相关保护规划和保护措施，控制大规模搬迁，防止过度开发，加强整体保护和活态传承。

第三十六条 非国有不可移动文物不得转让、抵押给外国人、外国组织或者国际组织。

非国有不可移动文物转让、抵押或者改变用途的，应当报相应的文物行政部门备案。

第三十七条 县级以上人民政府及其有关部门应当采取措施，在确保文物安全的前提下，因地制宜推动不可移动文物有效利用。

文物保护单位应当尽可能向社会开放。文物保护单位向社会开放，应当合理确定开放时间和游客承载量，并向社会公布，积极为游客提供必要的便利。

为保护不可移动文物建立的博物馆、纪念馆、文物保管所、考古遗址公园等单位，应当加强对不可移动文物价值的挖掘阐释，开展有针对性的宣传讲解。

第三十八条 使用不可移动文物，必须遵守不改变文物原状和最小干预的原则，负责保护文物本体及其附属文物的安全，不得损毁、改建、添建或者拆除不可移动文物。

对危害不可移动文物安全、破坏不可移动文物历史风貌的建筑物、构筑物，当地人民政府应当及时调查处理；必要时，对该建筑物、构筑物依法予以拆除、迁移。

第三十九条 不可移动文物的所有人或者使用人应当加强用火、用电、用气等的消防安全管理，根据不可移动文物的特点，采取有针对性的消防安全措施，提高火灾预防和应急处置能力，确保文物安全。

第四十条 省、自治区、直辖市人民政府可以将地下埋藏、水下遗存的文物分布较为集中，需要整体保护的区域划定为地下文物埋藏区、水下文物保护区，制定具体保护措施，并公告施行。

地下文物埋藏区、水下文物保护区涉及两个以上省、自治区、直辖市的，或者涉及中国领海以外由中国管辖的其他海域的，由国务院文物行政部门划定并制定具体保护措施，报国务院核定公布。

第三章 考古发掘

第四十一条 一切考古发掘工作，必须履行报批手续；从事考古发掘的单位，应当取得国务院文物行政部门颁发的考古发掘资质证书。

地下埋藏和水下遗存的文物，任何单位或者个人都不得私自发掘。

第四十二条 从事考古发掘的单位，为了科学研究进行考古发掘，应当提出发掘计划，报国务院文物行政部门批准；对全国重点文物保护单位的考古发掘计划，应当经国务院文物行政部门审核后报国务院批准。国务院文物行政部门在批准或者审核前，应当征求社会科学研究机构及其他科研机构和有关专家的意见。

第四十三条 在可能存在地下文物的区域，县级以上地方人民政府进行土地出让或者划拨前，应当由省、自治区、直辖市人民政府文物行政部门组织从事考古发掘的单位进行考古调查、勘探。可能存在地下文物的区域，由省、自治区、直辖市人民政府文物行政部门及时划定并动态调整。

进行大型基本建设工程，或者在文物保护单位的保护范围、建设控制地带内进行建设工程，未依照前款规定进行考古调查、勘探的，建设单位应当事先报请省、自治区、直辖市人民政府文物行政部门组织从事考古发掘的单位在工程范围内有可能埋藏文物的地方进行考古调查、勘探。

考古调查、勘探中发现文物的，由省、自治区、直辖市人民政府文物行政部门根据文物保护的要求与建设单位共同商定保护措施；遇有重要发现的，由省、自治区、直辖市人民政府文物行政部门及时报国务院文物行政部门处理。由此导致停工或者工期延长，造成建设单位损失的，由县级以上地方人民政府文物行政部门会同有关部门听取建设单位意见后，提出处理意见，报本级人民政府批准。

第四十四条 需要配合进行考古发掘工作的，省、自治区、直辖市人民政府文物行政部门应当在勘探工作的基础上提出发掘计划，报国务院文物行政部门批准。国务院文物行政部门在批准前，应当征求社会科学研究机构及其他科研机构和有关专家的意见。

确因建设工期紧迫或者有自然破坏危险，对古文化遗址、古墓葬急需进行抢救发掘的，由省、自治区、直辖市人民政府文物行政部门组织发掘，并同时补办审批手续。

第四十五条 凡因进行基本建设和生产建设需要的考古调查、勘探、发掘，所需费用由建设单位列入建设工程预算。

县级以上人民政府可以通过适当方式对考古调查、勘探、发掘工作给予支持。

第四十六条 在建设工程、农业生产等活动中，任何单位或者个人发现文物或者疑似文物的，应当保护现场，立即报告当地文物行政部门；文物行政部门应当在接到报告后二十四小时内赶赴现场，并在七日内提出处理意见。文物行政部门应当采取措施保护现场，必要时可以通知公安机关或者海上执法机关协助；发现重要文物的，应当立即上报国务院文物行政部门，国务院文物行政部门应当在接到报告后十五日内提出处理意见。

依照前款规定发现的文物属于国家所有，任何单位或者个人不得哄抢、私分、藏匿。

第四十七条 未经国务院文物行政部门报国务院特别许可，任何外国人、外国组织或者国际组织不得在中国境内进行考古调查、勘探、发掘。

第四十八条 考古调查、勘探、发掘的结果，应当如实报告国务院文物行政部门和省、自治区、直辖市人民政府文物行政部门。

考古发掘的文物，应当登记造册，妥善保管，按照国家有关规定及时移交给由省、自治区、直辖市人民政府文物行政部门或者国务院文物行政部门指定的国有博物馆、图书馆或者其他国有收藏文物的单位收藏。经省、自治区、直辖市人民政府文物行政部门批准，从事考古发掘的单位可以保留少量出土、出水文物作为科研标本。

考古发掘的文物和考古发掘资料，任何单位或者个人不得侵占。

第四十九条 根据保证文物安全、进行科学研究和充分发挥文物作用的需要，省、自治区、直辖市人民政府文物行政部门经本级人民政府批准，可以调用本行政区域内的出土、出水文物；国务院文物行政部门经国务院批准，可以调用全国的重要出土、出水文物。

第四章 馆藏文物

第五十条 国家鼓励和支持文物收藏单位收藏、保护可移动文物，开展文物展览展示、宣传教育和科学研究等活动。

有关部门应当在设立条件、社会服务要求、财税扶持政策等方面，公平对待国有文物收藏单位和非国有文物收藏单位。

第五十一条 博物馆、图书馆和其他文物收藏单位对其收藏的文物（以下称馆藏文物），必须按照国家有关文物定级标准区分文物等级，设置档案，建立严格的管理制度，并报主管的文物行政部门备案。

县级以上地方人民政府文物行政部门应当建立本行政区域内的馆藏

文物档案；国务院文物行政部门应当建立全国馆藏一级文物档案和其主管的国有文物收藏单位馆藏文物档案。

第五十二条 文物收藏单位可以通过下列方式取得文物：

（一）购买；

（二）接受捐赠；

（三）依法交换；

（四）法律、行政法规规定的其他方式。

国有文物收藏单位还可以通过文物行政部门指定收藏或者调拨方式取得文物。

文物收藏单位应当依法履行合理注意义务，对拟征集、购买文物来源的合法性进行了解、识别。

第五十三条 文物收藏单位应当根据馆藏文物的保护需要，按照国家有关规定建立、健全管理制度，并报主管的文物行政部门备案。未经批准，任何单位或者个人不得调取馆藏文物。

文物收藏单位的法定代表人或者主要负责人对馆藏文物的安全负责。文物收藏单位的法定代表人或者主要负责人离任时，应当按照馆藏文物档案办理馆藏文物移交手续。

第五十四条 国务院文物行政部门可以调拨全国的国有馆藏文物。省、自治区、直辖市人民政府文物行政部门可以调拨本行政区域内其主管的国有文物收藏单位馆藏文物；调拨国有馆藏一级文物，应当报国务院文物行政部门备案。

国有文物收藏单位可以申请调拨国有馆藏文物。

第五十五条 文物收藏单位应当改善服务条件，提高服务水平，充分发挥馆藏文物的作用，通过举办展览、科学研究、文化创意等活动，加强对中华民族优秀的历史文化和革命传统的宣传教育；通过借用、交换、在线展览等方式，提高馆藏文物利用效率。

文物收藏单位应当为学校、科研机构开展有关教育教学、科学研究等活动提供支持和帮助。

博物馆应当按照国家有关规定向公众开放，合理确定开放时间和接待人数并向社会公布，采用多种形式提供科学、准确、生动的文字说明和讲解服务。

第五十六条 国有文物收藏单位之间因举办展览、科学研究等需借用馆藏文物的，应当报主管的文物行政部门备案；借用馆藏一级文物的，应当同时报国务院文物行政部门备案。

非国有文物收藏单位和其他单位举办展览需借用国有馆藏文物的，应当报主管的文物行政部门批准；借用国有馆藏一级文物的，应当经国务院文物行政部门批准。

文物收藏单位之间借用文物的，应当签订借用协议，协议约定的期限不得超过三年。

第五十七条 已经依照本法规定建立馆藏文物档案、管理制度的国有文物收藏单位之间可以交换馆藏文物；交换馆藏文物的，应当经省、自治区、直辖市人民政府文物行政部门批准，并报国务院文物行政部门备案。

第五十八条 未依照本法规定建立馆藏文物档案、管理制度的国有文物收藏单位，不得依照本法第五十五条至第五十七条的规定借用、交换其馆藏文物。

第五十九条 依法调拨、交换、借用馆藏文物，取得文物的文物收藏单位可以对提供文物的文物收藏单位给予合理补偿。

文物收藏单位调拨、交换、出借文物所得的补偿费用，必须用于改善文物的收藏条件和收集新的文物，不得挪作他用；任何单位或者个人不得侵占。

调拨、交换、借用的文物必须严格保管，不得丢失、损毁。

第六十条 禁止国有文物收藏单位将馆藏文物赠与、出租、出售或者抵押、质押给其他单位、个人。

第六十一条　国有文物收藏单位不再收藏的文物退出馆藏的办法，由国务院文物行政部门制定并公布。

第六十二条　修复馆藏文物，不得改变馆藏文物的原状；复制、拍摄、拓印馆藏文物，不得对馆藏文物造成损害。修复、复制、拓印馆藏二级文物和馆藏三级文物的，应当报省、自治区、直辖市人民政府文物行政部门批准；修复、复制、拓印馆藏一级文物的，应当报国务院文物行政部门批准。

不可移动文物的单体文物的修复、复制、拍摄、拓印，适用前款规定。

第六十三条　博物馆、图书馆和其他收藏文物的单位应当按照国家有关规定配备防火、防盗、防自然损坏的设施，并采取相应措施，确保收藏文物的安全。

第六十四条　馆藏一级文物损毁的，应当报国务院文物行政部门核查处理。其他馆藏文物损毁的，应当报省、自治区、直辖市人民政府文物行政部门核查处理；省、自治区、直辖市人民政府文物行政部门应当将核查处理结果报国务院文物行政部门备案。

馆藏文物被盗、被抢或者丢失的，文物收藏单位应当立即向公安机关报案，并同时向主管的文物行政部门报告。

第六十五条　文物行政部门和国有文物收藏单位的工作人员不得借用国有文物，不得非法侵占国有文物。

第五章　民间收藏文物

第六十六条　国家鼓励公民、组织合法收藏，加强对民间收藏活动的指导、管理和服务。

第六十七条　文物收藏单位以外的公民、组织可以收藏通过下列方式取得的文物：

（一）依法继承或者接受赠与；

（二）从文物销售单位购买；

（三）通过经营文物拍卖的拍卖企业（以下称文物拍卖企业）购买；

（四）公民个人合法所有的文物相互交换或者依法转让；

（五）国家规定的其他合法方式。

文物收藏单位以外的公民、组织收藏的前款文物可以依法流通。

第六十八条 禁止买卖下列文物：

（一）国有文物，但是国家允许的除外；

（二）国有不可移动文物中的壁画、雕塑、建筑构件等，但是依法拆除的国有不可移动文物中的壁画、雕塑、建筑构件等不属于本法第三十一条第四款规定的应由文物收藏单位收藏的除外；

（三）非国有馆藏珍贵文物；

（四）国务院有关部门通报或者公告的被盗文物以及其他来源不符合本法第六十七条规定的文物；

（五）外国政府、相关国际组织按照有关国际公约通报或者公告的流失文物。

第六十九条 国家鼓励文物收藏单位以外的公民、组织将其收藏的文物捐赠给文物收藏单位或者出借给文物收藏单位展览和研究。

文物收藏单位应当尊重并按照捐赠人的意愿，对受赠的文物妥善收藏、保管和展示。

国家禁止出境的文物，不得转让、出租、抵押、质押给境外组织或者个人。

第七十条 文物销售单位应当取得省、自治区、直辖市人民政府文物行政部门颁发的文物销售许可证。

文物销售单位不得从事文物拍卖经营活动，不得设立文物拍卖企业。

第七十一条　依法设立的拍卖企业经营文物拍卖的，应当取得省、自治区、直辖市人民政府文物行政部门颁发的文物拍卖许可证。

文物拍卖企业不得从事文物销售经营活动，不得设立文物销售单位。

第七十二条　文物行政部门的工作人员不得举办或者参与举办文物销售单位或者文物拍卖企业。

文物收藏单位及其工作人员不得举办或者参与举办文物销售单位或者文物拍卖企业。

禁止设立外商投资的文物销售单位或者文物拍卖企业。

除文物销售单位、文物拍卖企业外，其他单位或者个人不得从事文物商业经营活动。

第七十三条　文物销售单位不得销售、文物拍卖企业不得拍卖本法第六十八条规定的文物。

文物拍卖企业拍卖的文物，在拍卖前应当经省、自治区、直辖市人民政府文物行政部门依照前款规定进行审核，并报国务院文物行政部门备案。

文物销售单位销售文物、文物拍卖企业拍卖文物，应当如实表述文物的相关信息，不得进行虚假宣传。

第七十四条　省、自治区、直辖市人民政府文物行政部门应当建立文物购销、拍卖信息与信用管理系统，推动文物流通领域诚信建设。文物销售单位购买、销售文物，文物拍卖企业拍卖文物，应当按照国家有关规定作出记录，并于销售、拍卖文物后三十日内报省、自治区、直辖市人民政府文物行政部门备案。

拍卖文物时，委托人、买受人要求对其身份保密的，文物行政部门应当为其保密；法律、行政法规另有规定的除外。

第七十五条　文物行政部门在审核拟拍卖的文物时，可以指定国有文物收藏单位优先购买其中的珍贵文物。购买价格由国有文物收藏单位的代表与文物的委托人协商确定。

第七十六条 银行、冶炼厂、造纸厂以及废旧物资回收单位，应当与当地文物行政部门共同负责拣选掺杂在金银器和废旧物资中的文物。拣选文物除供银行研究所必需的历史货币可以由中国人民银行留用外，应当移交当地文物行政部门。移交拣选文物，应当给予合理补偿。

第六章 文物出境进境

第七十七条 国有文物、非国有文物中的珍贵文物和国家禁止出境的其他文物，不得出境；依照本法规定出境展览，或者因特殊需要经国务院批准出境的除外。

国家禁止出境的文物的具体范围，由国务院文物行政部门规定并公布。

第七十八条 文物出境，应当经国务院文物行政部门指定的文物进出境审核机构审核。经审核允许出境的文物，由国务院文物行政部门颁发文物出境许可证，从国务院文物行政部门指定的口岸出境。

任何单位或者个人运送、邮寄、携带文物出境，应当向海关申报；海关凭文物出境许可证放行。

第七十九条 文物出境展览，应当报国务院文物行政部门批准；一级文物超过国务院规定数量的，应当报国务院批准。

一级文物中的孤品和易损品，禁止出境展览。

出境展览的文物出境，由文物进出境审核机构审核、登记。海关凭国务院文物行政部门或者国务院的批准文件放行。出境展览的文物复进境，由原审核、登记的文物进出境审核机构审核查验。

第八十条 文物临时进境，应当向海关申报，并报文物进出境审核机构审核、登记。文物进出境审核机构发现临时进境的文物属于本法第六十八条规定的文物的,应当向国务院文物行政部门报告并通报海关。

临时进境的文物复出境,必须经原审核、登记的文物进出境审核机构审核查验;经审核查验无误的,由国务院文物行政部门颁发文物出境许可证,海关凭文物出境许可证放行。

第八十一条　国家加强文物追索返还领域的国际合作。国务院文物行政部门依法会同有关部门对因被盗、非法出境等流失境外的文物开展追索;对非法流入中国境内的外国文物,根据有关条约、协定、协议或者对等原则与相关国家开展返还合作。

国家对于因被盗、非法出境等流失境外的文物,保留收回的权利,且该权利不受时效限制。

第七章　法律责任

第八十二条　违反本法规定,地方各级人民政府和县级以上人民政府有关部门及其工作人员,以及其他依法履行公职的人员,滥用职权、玩忽职守、徇私舞弊的,对负有责任的领导人员和直接责任人员依法给予处分。

第八十三条　有下列行为之一的,由县级以上人民政府文物行政部门责令改正,给予警告;造成文物损坏或者其他严重后果的,对单位处五十万元以上五百万元以下的罚款,对个人处五万元以上五十万元以下的罚款,责令承担相关文物修缮和复原费用,由原发证机关降低资质等级;情节严重的,对单位可以处五百万元以上一千万元以下的罚款,由原发证机关吊销资质证书:

(一)擅自在文物保护单位的保护范围内进行文物保护工程以外的其他建设工程或者爆破、钻探、挖掘等作业;

(二) 工程设计方案未经文物行政部门同意,擅自在文物保护单位的建设控制地带内进行建设工程;

(三) 未制定不可移动文物原址保护措施,或者不可移动文物原址保护措施未经文物行政部门批准,擅自开工建设;

(四) 擅自迁移、拆除不可移动文物;

(五) 擅自修缮不可移动文物,明显改变文物原状;

(六) 擅自在原址重建已经全部毁坏的不可移动文物;

(七) 未取得文物保护工程资质证书,擅自从事文物修缮、迁移、重建;

(八) 进行大型基本建设工程,或者在文物保护单位的保护范围、建设控制地带内进行建设工程,未依法进行考古调查、勘探。

损毁依照本法规定设立的不可移动文物保护标志的,由县级以上人民政府文物行政部门给予警告,可以并处五百元以下的罚款。

第八十四条 在文物保护单位的保护范围或者建设控制地带内建设污染文物保护单位及其环境的设施的,由生态环境主管部门依法给予处罚。

第八十五条 违反本法规定,有下列行为之一的,由县级以上人民政府文物行政部门责令改正,给予警告或者通报批评,没收违法所得;违法所得五千元以上的,并处违法所得二倍以上十倍以下的罚款;没有违法所得或者违法所得不足五千元的,并处一万元以上五万元以下的罚款:

(一) 转让或者抵押国有不可移动文物;

(二) 将建立博物馆、文物保管所或者辟为参观游览场所的国有不可移动文物改作企业资产经营,或者将其管理机构改由企业管理;

(三) 将非国有不可移动文物转让或者抵押给外国人、外国组织或者国际组织;

（四）擅自改变国有文物保护单位中的纪念建筑物或者古建筑的用途。

第八十六条 历史文化名城的布局、环境、历史风貌等遭到严重破坏的，由国务院撤销其历史文化名城称号；历史文化街区、村镇的布局、环境、历史风貌等遭到严重破坏的，由省、自治区、直辖市人民政府撤销其历史文化街区、村镇称号；对负有责任的领导人员和直接责任人员依法给予处分。

第八十七条 有下列行为之一的，由县级以上人民政府文物行政部门责令改正，给予警告或者通报批评，没收违法所得；违法所得五千元以上的，并处违法所得二倍以上十倍以下的罚款；没有违法所得或者违法所得不足五千元的，可以并处五万元以下的罚款：

（一）文物收藏单位未按照国家有关规定配备防火、防盗、防自然损坏的设施；

（二）文物收藏单位法定代表人或者主要负责人离任时未按照馆藏文物档案移交馆藏文物，或者所移交的馆藏文物与馆藏文物档案不符；

（三）国有文物收藏单位将馆藏文物赠与、出租、出售或者抵押、质押给其他单位、个人；

（四）违反本法规定借用、交换馆藏文物；

（五）挪用或者侵占依法调拨、交换、出借文物所得的补偿费用。

第八十八条 买卖国家禁止买卖的文物或者将国家禁止出境的文物转让、出租、抵押、质押给境外组织或者个人的，由县级以上人民政府文物行政部门责令改正，没收违法所得、非法经营的文物；违法经营额五千元以上的，并处违法经营额二倍以上十倍以下的罚款；没有违法经营额或者违法经营额不足五千元的，并处一万元以上五万元以下的罚款。

文物销售单位、文物拍卖企业有前款规定的违法行为的，由县级以上人民政府文物行政部门没收违法所得、非法经营的文物；违法经营额三万元以上的，并处违法经营额二倍以上十倍以下的罚款；没有违法经营额或者违法经营额不足三万元的，并处五万元以上二十五万元以下的罚款；情节严重的，由原发证机关吊销许可证书。

  第八十九条 未经许可擅自从事文物商业经营活动的，由县级以上人民政府文物行政部门责令改正，给予警告或者通报批评，没收违法所得、非法经营的文物；违法经营额三万元以上的，并处违法经营额二倍以上十倍以下的罚款；没有违法经营额或者违法经营额不足三万元的，并处五万元以上二十五万元以下的罚款。

  第九十条 有下列情形之一的，由县级以上人民政府文物行政部门责令改正，给予警告或者通报批评，没收违法所得、非法经营的文物；违法经营额三万元以上的，并处违法经营额二倍以上十倍以下的罚款；没有违法经营额或者违法经营额不足三万元的，并处五万元以上二十五万元以下的罚款；情节严重的，由原发证机关吊销许可证书：

  （一）文物销售单位从事文物拍卖经营活动；

  （二）文物拍卖企业从事文物销售经营活动；

  （三）文物拍卖企业拍卖的文物，未经审核；

  （四）文物收藏单位从事文物商业经营活动；

  （五）文物销售单位、文物拍卖企业知假售假、知假拍假或者进行虚假宣传。

  第九十一条 有下列行为之一的，由县级以上人民政府文物行政部门会同公安机关、海上执法机关追缴文物，给予警告；情节严重的，对单位处十万元以上三百万元以下的罚款，对个人处五千元以上五万元以下的罚款：

  （一）发现文物隐匿不报或者拒不上交；

  （二）未按照规定移交拣选文物。

第九十二条 文物进出境未依照本法规定申报的,由海关或者海上执法机关依法给予处罚。

第九十三条 有下列行为之一的,由县级以上人民政府文物行政部门责令改正;情节严重的,对单位处十万元以上三百万元以下的罚款,限制业务活动或者由原发证机关吊销许可证书,对个人处五千元以上五万元以下的罚款:

(一)改变国有未定级不可移动文物的用途,未依照本法规定报告;

(二)转让、抵押非国有不可移动文物或者改变其用途,未依照本法规定备案;

(三)国有不可移动文物的使用人具备修缮能力但拒不依法履行修缮义务;

(四)从事考古发掘的单位未经批准擅自进行考古发掘,或者不如实报告考古调查、勘探、发掘结果,或者未按照规定移交考古发掘的文物;

(五)文物收藏单位未按照国家有关规定建立馆藏文物档案、管理制度,或者未将馆藏文物档案、管理制度备案;

(六)未经批准擅自调取馆藏文物;

(七)未经批准擅自修复、复制、拓印文物;

(八)馆藏文物损毁未报文物行政部门核查处理,或者馆藏文物被盗、被抢或者丢失,文物收藏单位未及时向公安机关或者文物行政部门报告;

(九)文物销售单位销售文物或者文物拍卖企业拍卖文物,未按照国家有关规定作出记录或者未将所作记录报文物行政部门备案。

第九十四条 文物行政部门、文物收藏单位、文物销售单位、文物拍卖企业的工作人员,有下列行为之一的,依法给予处分;情节严重的，依法开除公职或者吊销其从业资格证书：

（一）文物行政部门和国有文物收藏单位的工作人员借用或者非法侵占国有文物；

（二）文物行政部门、文物收藏单位的工作人员举办或者参与举办文物销售单位或者文物拍卖企业；

（三）因不负责任造成文物保护单位、珍贵文物损毁或者流失；

（四）贪污、挪用文物保护经费。

前款被开除公职或者被吊销从业资格证书的人员，自被开除公职或者被吊销从业资格证书之日起十年内不得担任文物管理人员或者从事文物经营活动。

第九十五条 单位违反本法规定受到行政处罚，情节严重的，对单位直接负责的主管人员和其他直接责任人员处五千元以上五万元以下的罚款。

第九十六条 违反本法规定，损害他人民事权益的，依法承担民事责任；构成违反治安管理行为的，由公安机关依法给予治安管理处罚；构成犯罪的，依法追究刑事责任。

第九十七条 县级以上人民政府文物行政部门依法实施监督检查，可以采取下列措施：

（一）进入现场进行检查；

（二）查阅、复制有关文件资料，询问有关人员，对可能被转移、销毁或者篡改的文件资料予以封存；

（三）查封、扣押涉嫌违法活动的场所、设施或者财物；

（四）责令行为人停止侵害文物的行为。

第九十八条 监察委员会、人民法院、人民检察院、公安机关、海关、市场监督管理部门和海上执法机关依法没收的文物应当登记造册，妥善保管，结案后无偿移交文物行政部门，由文物行政部门指定的国有文物收藏单位收藏。

第九十九条 因违反本法规定造成文物严重损害或者存在严重损害风险，致使社会公共利益受到侵害的，人民检察院可以依照有关诉讼法的规定提起公益诉讼。

第八章 附 则

第一百条 文物保护有关行政许可的条件、期限等，本法未作规定的，适用《中华人民共和国行政许可法》和有关法律、行政法规的规定。

第一百零一条 本法自2025年3月1日起施行。

司法解释、司法指导性文件与解读

最高人民检察院
关于印发《关于人民检察院全面准确落实司法责任制的若干意见》的通知

2024 年 7 月 4 日　　　　　　　　　　　　高检发〔2024〕5 号

各省、自治区、直辖市人民检察院，解放军军事检察院，新疆生产建设兵团人民检察院：

《关于人民检察院全面准确落实司法责任制的若干意见》已经中央全面深化改革委员会审议通过，现印发给你们。请结合实际，认真贯彻落实。在实施过程中遇到的重要情况和问题，请及时报告。

关于人民检察院全面准确落实司法责任制的若干意见

为深化司法体制综合配套改革，全面准确落实司法责任制，推动检察权公正、规范、高效、廉洁运行，根据有关法律法规规定，结合检察工作实际，制定本意见。

一、目标和原则

（一）主要目标：坚持以习近平新时代中国特色社会主义思想为指

导,深入贯彻落实习近平法治思想,加强检察机关法律监督工作,深化司法体制综合配套改革,全面准确落实司法责任制,建立权责明晰、权责相当、公正、规范、高效、廉洁的检察权运行机制,高质效办好每一个案件,努力让人民群众在每一个司法案件中感受到公平正义。

(二)基本原则:坚持党对检察工作的绝对领导,依法履行宪法和法律规定的职责;坚持遵循司法规律,符合检察职业特点;坚持谁办案谁负责、谁决定谁负责;坚持突出检察官办案主体地位与加强制约监督、强化检察长对司法办案工作领导有机结合;坚持惩戒与保护并重,主观过错与客观行为相一致,责任与处罚相适应;坚持自觉接受人大、政协、监察以及新闻媒体等社会各界的监督,自觉接受公安机关、审判机关、司法行政机关的制约。

二、健全司法办案组织及运行机制

(三)检察委员会是人民检察院的办案组织和重大业务工作议事决策机构。检察委员会由检察长、副检察长和若干资深检察官组成,成员应当为单数,并设专职委员。各级人民检察院应当提高检察委员会工作规范化、专业化、信息化水平,发挥检察委员会对重大、疑难、复杂案件和其他重大问题的决策功能。

(四)检察长领导本院司法办案工作,重大办案事项由检察长决定。副检察长协助检察长行使办案职权。

(五)人民检察院办理案件,根据履行检察职责需要、案件类型及其复杂难易程度,可以由独任检察官或者由两名以上检察官组成的办案组承办。

检察官办案组可以相对固定设置,也可以根据司法办案需要临时组建。由检察官办案组办理案件的,检察长应当指定一名检察官担任主办检察官。检察长、副检察长、检察委员会专职委员参加检察官办案组的,应当担任主办检察官。

独任检察官、检察官办案组办理案件，可以配备必要的检察辅助人员。

（六）独任检察官、检察官办案组办理案件，在其职权范围内依法作出决定或者依法提出处理意见。检察官办案组办理案件，主办检察官作出决定或者提出处理意见前，应当组织办案组检察官进行讨论或者听取办案组其他检察官意见，并将不同意见记录在案。

（七）独任检察官、检察官办案组办理案件，可以提请业务部门负责人召开检察官联席会议讨论。检察官联席会议讨论意见是独任检察官、检察官办案组办理案件的重要参考。检察官联席会议讨论情况和意见应当全面记录，经参加会议的检察官签名后附卷保存。

（八）办案事项应当由检察长或者检察委员会决定的，检察官办案组或者独任检察官应当提出处理意见，经部门负责人审核后报检察长决定或者报检察长提请检察委员会讨论决定。

（九）独任检察官、检察官办案组办理案件，在坚持专业分工的基础上，以随机分案为主、指定分案为辅。

（十）检察长、副检察长、检察委员会专职委员每年应当作为主办检察官或者独任检察官办理一定数量的案件，并带头办理重大复杂敏感、新类型和在法律适用方面具有普遍指导意义的案件。

三、明确司法办案职权

（十一）下列案件，应当提请检察委员会讨论决定：

1. 涉及国家安全、国家重大利益或者严重影响社会稳定的案件；
2. 拟层报最高人民检察院核准的案件；
3. 拟提请或者提出抗诉的重大、疑难、复杂案件；
4. 拟向上级人民检察院请示的案件；
5. 对检察委员会原决定进行复议的案件；
6. 根据《人民检察院刑事诉讼规则》《人民检察院民事诉讼监督规

则》《人民检察院行政诉讼监督规则》《人民检察院公益诉讼办案规则》等的规定,其他需要提请检察委员会讨论决定的重大、疑难、复杂案件。

(十二)检察委员会的决定,检察官应当及时执行。检察官因特殊原因无法及时执行检察委员会决定或者在执行完毕前出现新情况的,应当立即书面报告检察长。

(十三)下列案件或者办案事项,应当由检察长作出决定:

1. 涉及国家安全、国家利益、社会公共利益或者影响社会稳定的案件;

2. 涉及国防、外交等敏感案件;

3. 重大的职务犯罪、涉黑涉恶犯罪、金融犯罪案件;

4. 涉案人数众多,或者社会影响较大,或者危害后果严重的案件;

5. 新类型案件以及对于法律适用具有普遍指导意义的案件;

6. 上级人民检察院交办、下级人民检察院请示、公安机关要求复议和提请复核的案件;

7. 根据《人民检察院刑事诉讼规则》《人民检察院民事诉讼监督规则》《人民检察院行政诉讼监督规则》《人民检察院公益诉讼办案规则》等的规定,其他需要由检察长决定的办案事项。

(十四)检察官依照法律、司法解释的规定和检察长的委托,依法行使下列职权:

1. 传唤、讯问犯罪嫌疑人、被告人;

2. 询问证人和对诉讼活动具有重要影响的其他诉讼参与人;

3. 组织收集、调取、审核证据,开展调查核实工作;

4. 组织搜查、查封、扣押、冻结、勘验、检查等;

5. 审查案件材料;

6. 主持案件听证会、公益诉讼磋商座谈会;

7. 出席法庭,宣读起诉书(上诉书、抗诉书、出庭意见书)、讯问被告人、对相关证据进行举证质证辩论、发表出庭意见等；

8. 查阅、调取人民法院案卷；

9. 临场监督死刑执行；

10. 检察长委托检察官负责的其他办案事项。

（十五）主办检察官除行使检察官办案职权外，对检察官办案组还应当履行下列职责：

1. 负责检察官办案组办理案件的组织、指挥、协调；

2. 负责编入检察官办案组检察辅助人员的分工、提出考核建议等管理工作。

（十六）省级人民检察院可以结合本地实际，制定辖区内人民检察院检察官职权清单。省级人民检察院制定的检察官职权清单，应当报最高人民检察院备案。

四、明确检察辅助人员职责

（十七）检察官助理在检察官的指导下，可以履行下列职责：

1. 讯问犯罪嫌疑人、被告人，询问证人和其他诉讼参与人；

2. 接待律师及案件相关人员；

3. 收集、调取、核实证据，协助开展调查核实工作；

4. 实施搜查、查封、扣押、冻结、勘验、检查等；

5. 审查案件材料，草拟法律文书；

6. 协助检察官出席法庭，经检察长批准，高阶段的检察官助理可以在检察官就主要事实和法律问题发言后，辅助进行举证质证、补充发表出庭意见、参与法庭辩论；

7. 检察官交办的其他办案事项。

（十八）检察技术人员受检察官的指派、委托，可以履行下列职责：

1. 对与犯罪有关的场所、物品、人身、尸体进行勘验或者检查；

2. 对案件中的专门性问题进行鉴定并出具鉴定意见；

3. 对案件中的技术性证据进行专门审查并出具审查意见；

4. 协助开展调查和收集证据；

5. 其他检察技术辅助工作。

（十九）书记员在检察官指导下，可以履行下列职责：

1. 案件受理、审查、宣告中的事务性准备工作；

2. 案件办理过程中的记录工作；

3. 案件收转、登记和法律文书的文印、送达；

4. 案件材料的录入、保管、整理和案卷装订、归档；

5. 检察官交办的其他事项。

检察官可以指派书记员配合检察官助理开展工作。

（二十）司法警察负责办案场所警戒、人民检察院直接立案侦查案件犯罪现场保护、人员押解和看管、保障调查核实顺利进行、维持听证秩序、参与检察官履职保护等警务事项，依法履行《人民检察院司法警察条例》规定的职责。

五、完善检察权内部制约监督机制

（二十一）上级人民检察院应当加强对下级人民检察院司法办案工作的领导和监督。上级人民检察院可以指令下级人民检察院纠正错误决定，或者依法撤销、变更下级人民检察院对案件的决定。上级人民检察院对下级人民检察院司法办案工作的指令，应当由检察长或者检察委员会决定，以人民检察院的名义作出。

（二十二）检察长可以对检察官职权范围内决定的案件或者办案事项进行审核。检察长审核案件，可以要求检察官重新审查或者提请检察委员会讨论决定，也可以直接作出决定。

检察长可以要求检察官报告其办理案件的有关情况。有下列情形之一的，检察长可以要求检察官作出说明：

1. 无正当理由不执行检察长、检察委员会决定的；

2. 检察官办理的案件可能受到不当过问、干预的；

3. 当事人举报投诉检察官违法办案的；

4. 律师申诉、控告检察官阻碍其依法行使诉讼权利的；

5. 检察官存在其他未依法履行办案职责情形的。

（二十三）业务部门负责人除作为检察官承办案件外，还应当履行下列监督管理职责：

1. 经检察长授权，对需要提请检察委员会讨论、报请检察长决定的案件，以及拟向检察长报告的案件进行审核；

2. 经检察长授权，对检察官办理案件的起诉书、不起诉决定书、抗诉书、检察建议书、检察意见书等重要法律文书进行审核，审核范围可以由各级人民检察院结合实际依法确定；

3. 召集检察官联席会议讨论案件，为办理案件的检察官或者检察官办案组提供参考意见；

4. 通过听取案件汇报、查看检察业务应用系统、抽查案卷材料等，对本部门检察官办理的案件进行常规检查；

5. 督促检察官执行上级人民检察院以及本院检察长、检察委员会的决定；

6. 对检察官不履行或者不正确履行职责的行为提出纠正意见，并督促整改；

7. 向检察长报告检察官履职情况；

8. 对本部门检察人员开展考核管理；

9. 由业务部门负责人履行的其他职责。

（二十四）业务部门负责人审核案件或者重要法律文书时，可以要求检察官对案件重新审查或者补充相关材料，但不得直接改变检察官意见或者要求检察官改变意见。业务部门负责人与检察官处理意见不一致时，可以召集检察官联席会议讨论，也可以将审核意见连同检察官处理意见一并报检察长决定。检察官处理意见与检察官联席会议多数检察官意见不一致的，业务部门负责人应当将案件报检察长决定。

（二十五）检察长、副检察长、检察委员会专职委员、业务部门负责人以及其他负有监督管理职责的检察人员，怠于履行或者不当履行监督管理权，对检察人员违反检察职责的行为失职失察、隐瞒不报、措施不当的，依照有关规定和程序承担监督管理责任。

六、完善司法责任认定和追究制度

（二十六）检察人员应当对其履行职责的行为终身负责。在司法办案工作中，检察人员故意违反职责，或者因重大过失违反职责造成严重后果的，应当承担司法责任。

（二十七）检察委员会讨论的案件，检察官对其汇报的事实负责，检察委员会委员对本人发表的意见和表决负责。

检察委员会作出错误决定的，检察委员会委员根据错误决定形成的具体情形和主观过错情况，承担相应的司法责任；没有故意或者重大过失的，不承担司法责任。

（二十八）检察长对职权范围内就办案事项作出的决定负责。

检察长对办案事项作出的决定，检察官应当执行。检察官执行检察长决定时，认为决定有错误的，可以提出异议；检察长不改变该决定，或者要求立即执行的，检察官应当执行，执行后果由检察长负责，检察官不承担司法责任。检察官执行检察长明显违法的决定且未提出异议的，应当承担相应的司法责任。

（二十九）独任检察官办理并作出决定的案件，由独任检察官负责。

检察官办案组办理的案件，由主办检察官和其他检察官共同负责。主办检察官对其职权范围内决定的事项负责，其他检察官对自己的行为负责。

检察官故意隐瞒、歪曲事实，或者因重大过失遗漏重要事实、证据或者情节，导致检察委员会、检察长作出错误决定的，主要由检察官承担司法责任。

（三十）独任检察官、检察官办案组根据检察长、副检察长、检察委员会专职委员、业务部门负责人对案件重新审查的要求，改变原决定从而作出错误决定，前述负有监督管理职责的人员存在故意或者重大过失的，承担监督管理责任；独任检察官、检察官办案组存在故意或者重大过失的，承担司法责任。

（三十一）检察辅助人员参与司法办案工作，对自己职责范围内的办案工作负责。

对于检察官在职权范围内作出决定的事项，检察辅助人员不承担司法责任。检察辅助人员有故意或者重大过失行为，导致检察官作出错误决定的，应当承担相应的司法责任。

检察官授意、指使检察辅助人员实施违反检察职责行为，由检察官承担司法责任。检察辅助人员执行明显违法的指令且未提出异议的，应当承担相应的司法责任。

（三十二）上级人民检察院改变下级人民检察院意见的，由上级人民检察院有关人员就改变部分负责。

下级人民检察院有关人员故意隐瞒、歪曲事实，或者因重大过失遗漏重要事实、证据或者情节，导致上级人民检察院作出错误命令、决定的，由下级人民检察院有关人员承担司法责任；上级人民检察院有关人员存在故意和重大过失的，应当承担相应的司法责任。

（三十三）检察人员在履行职责过程中，虽有错误后果发生，但已经尽到必要注意义务，对后果发生仅有一般过失的，不承担司法责任。

（三十四）检察人员在事实认定、证据采信、法律适用、办案程序、文书制作等方面不符合法律和有关规定，但不影响案件结论的正确性和效力的，属司法瑕疵，不因此承担司法责任。

（三十五）最高人民检察院和各省、自治区、直辖市设立检察官惩戒委员会，从专业角度对检察官的司法责任进行审查。人民检察院承担检务督察工作的部门经调查认为检察官存在违反检察职责的行为，需要追究司法责任的，报检察长批准后，提请检察官惩戒委员会审议。检察官惩戒委员会审议后，提出构成故意违反职责、存在重大过失、一般过失或者没有违反职责等审查意见。检察官惩戒委员会提出审查意见后，人民检察院应当依照相关规定作出是否予以惩戒的决定，并给予相应处理。

（三十六）对应当承担司法责任的检察人员，根据其违反检察职责行为的性质、情节、后果等，追究相应的纪律责任、法律责任。

关于司法责任追究、检察官惩戒的具体情形、程序等按照《人民检察院司法责任追究条例》《检察官惩戒工作程序规定》等相关规定执行。

（三十七）检察人员能够主动纠错、说明情况，如实记录报告干预司法活动、插手具体案件处理、违规过问案件、不当接触交往等情况的，可以从宽处理。对抗、阻碍或者指使他人对抗、阻碍司法责任调查和追究的，应当从严处理。

（三十八）检察人员对处理决定不服的，可以申请复核，提出申诉。

（三十九）对检察人员检举控告失实需要澄清的，应当采取适当方式进行澄清。对检察人员诬告陷害的，应当依法予以追究。

七、完善检察权管理机制

（四十）检察办案工作原则上应当在检察业务应用系统上运行，实现办案信息网上录入、办案流程网上管理、办案活动网上监督。人民检察院案件管理部门对检察官办理案件的程序进行实时、动态监督，发现问题的，应当提出意见，通报案件承办部门、承办检察官或者移送本院检务督察部门。

（四十一）完善检察人员考核机制，综合考评办案数量、质量、效率、效果等。考核结果作为干部评先评优、晋职晋级、检察官员额管理、绩效奖金发放的重要依据。

检察官年度考核不称职，应当降低检察官等级，经检察官考评委员会认定不能胜任检察官职务的，应当按照程序退出检察官员额。

（四十二）综合运用常规抽查、重点评查、专项评查等方式，对检察官已经办结案件的质量进行检查评定。加强评查结果运用，将案件质量评查结果作为评价检察官办案业绩的重要依据，纳入检察官考核管理体系。

（四十三）健全防止干预司法"三个规定"常态化落实机制，严格执行过问或干预、插手检察办案的记录报告制度，完善记录报告内容核查、违纪违法案件倒查等机制。

（四十四）进一步完善案件信息公开平台建设，优化检务公开工作，统筹信息公开与维护国家安全、数据安全、个人隐私的关系，进一步规范向当事人公开和向社会公开的范围、标准、程序，以公开促公正、提升司法公信力。

八、附则

（四十五）本意见所称检察人员包括检察长、副检察长、检察委员会委员、其他检察官和检察辅助人员。检察辅助人员包括检察官助理、书记员、检察技术人员、司法警察。业务部门负责人包括具有检察官身份的部门正职、副职。

（四十六）本意见所列检察长行使的职权，检察长可以委托副检察长、检察委员会专职委员行使。

（四十七）本意见第（十一）（十三）条所列案件由检察委员会、检察长决定的，指的是以人民检察院名义作出是否起诉、抗诉、发出检察建议等对案件处理具有决定性意义的事项。其他事项需要报请检察委员会、检察长决定的，按照最高人民检察院有关规定和各级人民检察院职权清单的规定执行。

（四十八）本意见自发布之日起施行，2015年最高人民检察院印发的《关于完善人民检察院司法责任制的若干意见》（高检发〔2015〕10号）同时废止。其他文件规定与本意见不一致的，以本意见为准。本意见由最高人民检察院负责解释。

解读《最高人民检察院关于人民检察院全面准确落实司法责任制的若干意见》

高景峰[*] 许栋梁[**]

为贯彻落实党的二十大关于"深化司法体制综合配套改革，全面准确落实司法责任制"的部署，最高人民检察院组织专门力量对2015年9月出台的《最高人民检察院关于完善人民检察院司法责任制的若干意见》（以下简称2015年《若干意见》）进行了全面修订，形成《最高人民检察院关于人民检察院全面准确落实司法责任制的若干意见》（以下简称2024年《若干意见》）。经中央全面深化改革委员会审议通过，于2024年7月4日印发实施。该文件充分体现了党的二十届三中全会关于进一步全面深化改革、"确保执法司法各环节全过程在有效制约监督下运行""落实和完善司法责任制"的要求，是今后一个时期检

---

[*] 作者单位：最高人民检察院法律政策研究室。
[**] 作者单位：最高人民检察院法律政策研究室。

察机关全面准确落实、健全完善司法责任制的框架性文件。各级检察机关要认真领会2024年《若干意见》修订的背景和主要内容，严格贯彻落实，推动检察权公正、规范、高效、廉洁运行。

一、修订背景

党的十八届三中全会部署的司法责任制改革，是对司法权、检察权运行的一场深层次意义上的变革，是习近平法治思想的重要内容。改革十年来，取得巨大成效。司法责任制经历了从"落实"到"全面落实"，再到"全面准确落实""落实和完善"的过程。这既体现出党中央一以贯之紧紧牵住司法责任制这个司法体制改革的"牛鼻子"，更蕴含着党对司法工作规律性认识的持续深化。特别是在司法实践中，司法责任制改革推动解决了司法工作中长期以来存在的一些痛点难点问题，形成更加符合司法规律和检察工作规律的检察权运行机制，激发了广大检察人员的主观能动性，检察人员的政治能力、专业能力有了新的提高，检察办案质效和人民群众满意度明显提升。

2015年《若干意见》在检察机关司法责任制改革试点、全面推行过程中发挥了重要引领作用。随着司法责任制改革深入推进，实践中出现了一些新情况和新问题，2015年《若干意见》的一些规定已经不能适应当前工作需要。

一是监察体制改革后，检察职能发生了重大变化，反贪、反渎职能转隶，同时增加了公益诉讼检察职能，检察权运行方式随之有相应变化。

二是人民检察院组织法、检察官法修订后，对原来试点阶段的做法进行了总结、规范，2015年《若干意见》的一些规定与法律规定不尽一致，需要作出相应调整。比如，2015年《若干意见》第九条规定，"以人民检察院名义制发的法律文书，由检察长（分管副检察长）签发"；第三十九条规定，"对于检察官在职权范围内作出决定的事项，检察长（副检察长）不因签发法律文书承担司法责任"。而根据人民检察院组织法第二十九条的规定，对于检察官在职权范围内作出决定的事项，法律文书由检察官自己签发，不需要检察长签发。

三是司法不公、执法不严等问题仍然存在，关系案、人情案、金钱案时有发生，一个重要的原因是在司法权运行过程中，放权的同时控权不足，需要加强对司法权的监督管理。

四是司法责任制已经到了深入落实阶段，相关改革配套举措还不完善、工作衔接还不到位、有的机制还不够明确。为了适应新的形势，解决改革中发现的问题，全面贯彻落实党的二十大精神和二十届三中全会通过的《中共中央关于进一步全面深化改革　推进中国式现代化的决定》，进一步全面深化检察改革，不断增强改革的系统性、整体性和协同性，推动健全公正高效权威的中国特色社会主义司法制度和检察制度，最高人民检察院在对2015年《若干意见》进行全面修订的基础上，形成2024年《若干意见》。

二、修订时的主要考虑

公正司法是习近平法治思想的重要组成部分。党的二十大、二十届三中全会对公正司法提出了新的更高要求。近年来，最高人民检察院党组提出，让"高质效办好每一个案件"成为新时代新征程检察履职办案的基本价值追求，在实体上确保实现公平正义，在程序上让公平正义更好更快实现，在效果上让人民群众可感受、能感受、感受到公平正义，做到检察办案质量、效率、效果有机统一于公平正义。修订《若干意见》的主要目的是推动全国检察机关全面准确落实、健全完善司法责任制，为"高质效办好每一个案件"提供更加坚实的制度保障，努力让人民群众在每一个司法案件中感受到公平正义。

（一）持续深化巩固

2015年《若干意见》把"谁办案谁负责、谁决定谁负责"作为检察机关落实司法责任制的主要目标，充分体现了司法规律和检察工作特点。这是检察机关落实司法责任制的核心要义。2024年《若干意见》一以贯之坚持该原则，对相关内容进行了细化。比如，第十条针对有的领导干部入了额却不办案或者挂名办案的问题，明确了领导干部带头办案的规定，即"检察长、副检察长、检察委员会专职委员每年应当作为主办检察官或者独任检察官办理一定数量的案件，并带头办理重大复杂敏感、新类型和在法律适用方面具有普遍指导意义的案件"。又如，为了进一步增强检察官履职责任心，第四十一条规定，检察官年度考核不称职，应当降低检察官等级，经检察官考评委员会认定不能胜任检察官职务的，应当按照程序退出检察官员额。

（二）贯彻立法精神

修订后的人民检察院组织法、检察官法集中吸收了司法责任制改革成果，作出了一系列规定，2024年《若干意见》既要与立法规定保持一致，还要在此基础上进一步配套落实。比如，重大案件由检察长决定是人民检察院组织法的明确要求。但哪些属于重大案件，人民检察院组织法并没有规定。2015年《若干意见》中对检察长决定的办案事项的规定略显宽泛，基本上涵盖了各个办案环节，重大案件的特点未能体现出来，针对性和操作性不强。2024年《若干意见》采用"归类列举+概括指引"的方式，规定了七类检察长决定的案件或办案事项，为检察长决定的案件划定了基本范围。又如，将法律文书的签发统一为人民检察院组织法第二十九条的表述。

(三) 做到全面落实

全面，就是要加强相关工作和机制的系统性、全局性、协同性。在主体方面，要考虑三类人员职务序列的配套衔接。在职权配置方面，既要明晰检察委员会、检察长、检察官职责权限，又要明确检察官助理、书记员等职责范围。在责任落实方面，既要考虑司法办案职责，又要考虑监督管理职责。比如，"谁办案谁负责"，并不是只有检察官对案件负责，而是要求所有参与办案的人员必须依法认真办理案件，对所承担的办案事项负责。2015 年《若干意见》规定了检察长、检察委员会、检察官、检察官助理的办案职责，但未能明确书记员、检察技术人员、司法警察的职责。在办案实践中，这三类人员也是办案的重要力量，对其办案行为应当一并规范。2024 年《若干意见》第十八条至第二十条分别规定了上述人员的职责。同时，为解决实践中有的检察人员能力断档、检察官培养机制不健全等问题，第十七条对检察官助理的职责进行了完善，以加强检察官后备力量建设。

(四) 力求准确落实

准确，就是要在公正司法的价值目标引领下，处理好公正与效率、放权与管权、惩戒与保障、重大过失与一般过失、违法与犯罪等一系列关系。

一是坚持"放权"与"控权"并重。2024 年《若干意见》贯彻落实党的二十大报告提出的"规范司法权力运行""强化对司法活动的制约监督"的要求，专章规定了"完善检察权内部制约监督机制"，分别规定了上级检察院对下级检察院的监督、检察长的监督、业务部门负责人的监督、监督管理责任等。其中，在检察长的监督方面，第二十二条明确检察长可以要求检察官报告办案情况，特定情况下可以要求检察官作出说明。在业务部门负责人的监督方面，第二十三条规定对需要提请检察委员会讨论、报请检察长决定的案件,以及拟向检察长报告的案件进行审核;对检察官办理案件的起诉书、不起诉决定书、抗诉书、检察建议书、检察意见书等重要法律文书进行审核。需要说明的是,加强制约监督并不是改变"谁办案谁负责"的要求,而是帮助、督促检察官正确履职,强化检察官履职的规范性。

二是坚持惩戒与保护并重。严格区分违法办案责任与一般过失、司法瑕疵的界限,该严则严,当宽则宽。第三十五条细化了检察官惩戒有关程序。第三十七条增加了从宽、从严处理的规定。此外,调整了复核申诉、检察官履职权利保障等表述。

三、修订的主要内容

2024年《若干意见》分为八个部分共四十八条,分别是目标和原则、健全司法办案组织及运行机制、明确司法办案职权、明确检察辅助人员职责、完善检察权内部制约监督机制、完善司法责任认定和追究制度、完善检察权管理机制以及附则。

第一部分,目标和原则。明确了全面准确落实司法责任制的总体目标,即"建立权责明晰,权责相当,公正、规范、高效、廉洁的检察权运行机制,高质效办好每一个案件,努力让人民群众在每一个司法案件中感受到公平正义",提出坚持党对检察工作的绝对领导,遵循司法规律,坚持"谁办案谁负责、谁决定谁负责",坚持突出检察官办案主体地位与加强制约监督、强化检察长对司法办案工作领导有机结合,惩戒与保护并重,自觉接受外部监督六个原则。

第二部分,健全司法办案组织及运行机制。2024年《若干意见》第三条至第六条规定了检察委员会、检察长、独任检察官、检察官办案组等四类办案组织的设置和运行规则。其中,独任检察官和检察官办案组是人民检察院组织法规定的两种基本办案组织形式,具体办理案件时,需要根据履行检察职责需要、案件类型及其复杂难易程度,选择由独任检察官或者检察官办案组承办。2015年《若干意见》第五条至第七条对审查逮捕、审查起诉案件，检察机关直接受理立案侦查的案件，诉讼监督等其他法律监督案件如何确定办案组织分别作了规定，考虑到两种办案组织最重要的选择标准其实就是案件重大复杂难易程度，特别是监察体制改革后检察机关的职能更加丰富，对每一类型都作具体规定实无必要，因此进行了简化。

同时，2015年《若干意见》第四条规定，无论独任检察官还是检察官办案组承办案件，均配备必要的检察辅助人员。2024年《若干意见》第五条修订为独任检察官、检察官办案组办理案件，可以配备必要的检察辅助人员。主要考虑是实践中有的地方检察官助理、书记员短缺，无法做到1∶1配备，因而应当灵活掌握。第六条明确了检察官办案组内主办检察官与普通检察官的关系，规定"主办检察官作出决定或者提出处理意见前，应当组织办案组检察官进行讨论或者听取办案组其他检察官意见，并将不同意见记录在案"。这有两层含义：一是检察官办案组办理案件，决定应当由主办检察官作出；二是主办检察官作出的决定，应当建立在听取其他检察官意见的基础上，并接受其他检察官的监督。第九条明确了案件分配的规则，即在坚持专业分工的基础上，以随机分案为主、指定分案为辅。与原来相比，增加了"专业分工的基础上"的表述，这样有助于检察工作专业化发展，也符合检察工作现代化发展的要求。第十条新增了领导干部带头办案的规定。领导干部带头办案，是党中央、最高人民检察院一直以来的要求，领导干部作为主办检察官或者独任检察官办理案件，特别是带头办理重大复杂敏感、新类型和在法律适用方面具有普遍指导意义的案件具有重要引领示范作用：一方面，有助于全面准确落实司法责任制，强化对检察工作的管理；另一方面，对于一些员额数量本就不多的基层检察院，有助于缓解人案矛盾，减轻其他检察官的压力。具体办案数量可以结合党中央有关规定和各级检察院实际情况掌握。

第三部分，明确司法办案职权。分别规定了检察委员会、检察长、检察官的职权。第十一条结合《人民检察院检察委员会工作规则》的规定，细化了检察委员会讨论决定的案件范围。第十三条原则性规定了检察长决定的重大疑难复杂案件。在征求意见时，有的地方提出此条关于检察长行使决定权的案件规定略显原则，建议再细化。考虑到重大疑难复杂案件在不同层级有不同认识，2024年《若干意见》难以作出适用于各级检察机关、一次到位的规定，只能提供一个原则性规定，留给各省级检察院在完善职权清单时结合本地实际再细化。比如，第四项"涉案人数众多，或者社会影响较大，或者危害后果严重的案件"，这项包含的内容比较宽泛，主要是给各地细化职权清单留出空间，有的地方在职权清单中将"可能判处十年以上有期徒刑"的案件，设定为基层检察院的重大案件，其他地方也可以借鉴类似的规定。这里需要结合附则中的条款来理解，根据附则部分第四十七条规定，第十一条、第十三条所列案件由检察委员会、检察长决定的，指的是以人民检察院名义作出是否起诉、抗诉、发出检察建议等对案件处理具有决定性意义的事项。重大案件办案环节相对较多，检察长由于精力所限无法参与完成办案的所有环节，并不是办案过程中的所有事项都要由检察长决定。当然，《人民检察院刑事诉讼规则》《人民检察院民事诉讼监督规则》《人民检察院行政诉讼监督规则》《人民检察院公益诉讼办案规则》以及各级检察机关职权清单另有规定其他事项需要报请检察委员会、检察长决定的，应当遵照这些规定执行，2024年《若干意见》不再重复列举。

第十四条规定了检察官的办案职权。此条与检察委员会、检察长决定案件的范围有所不同，主要着眼于具体的办案事项，因为除了前述检察委员会、检察长决定的案件，其他案件均可以由检察官（或办案组）决定，没有必要再列举案件类型，而是改为从办案职权入手进行列举。由于检察官办案职权比较多，仅列举了比较有代表性的几类职权，同时也兼顾了"四大检察"的不同工作内容。与2015年《若干意见》相比,一个重要变化是取消了"至少亲自讯问一次""亲自承担"等表述。考虑到讯问犯罪嫌疑人、询问证人、收集调取审核证据等,是检察官办案的题中应有之义,是亲历性的重要表现,不应再规定"至少亲自讯问一次"。"亲自"二字带有从常理上说不必自己去做的含义,甚至带有居高临下的姿态,这不符合检察官的职责定位。另外,规定由检察官"亲自"完成,在实践中还造成了一定认识分歧,有的认为检察官亲自承担就意味着检察官一个人干,不能要求辅助人员协助。这实际上是一个认识误区,检察官亲历办案与辅助人员的协助行为并不是泾渭分明的两个行为,而是分工合作下的共同行为。多数情况下,检察官需要在辅助人员的协助下完成讯问、询问、审查证据、出席法庭等。但是实践中有的检察官当甩手掌柜,存在审批式办案现象,明显违背了此条规定。

检察官办案组主办检察官行使的职权主要有两项:负责检察官办案组办理案件的组织、指挥、协调;负责编入检察官办案组检察辅助人员的分工、提出考核建议等管理工作。2015年《若干意见》中"主任检察官"承担了办案组成员的管理工作,但具体管理的内容并不明确,为了相对明确,并且与内设机构负责人的职责有所区别,这里仅规定主办检察官负责检察辅助人员的分工、提出考核建议等管理工作。

第十六条赋予省级检察院职权清单的制定权。2024年《若干意见》将权力清单修改为职权清单,主要理由是与立法保持一致。人民检察院组织法第三十四条规定,"人民检察院实行检察官办案责任制。检察官对其职权范围内就案件作出的决定负责"。检察官"职权范围"的表现形式就是职权清单。从近年来地方制定权力清单的情况看,也有的把权力清单命名为"职权划分的意见"等,具有一定合理性。一是检察官职责与权力紧密关联,很难完全将其剥离开来;二是对上级检察院来说,检察院层级越高,疑难复杂案件比例越高,检察官决定权的空间就越小,权力清单中对检察官的规定就更多地表现为职责而不是权力。需要注意的是，职权清单中关于职责的规定需要与办案决定权紧密关联，特别是不宜再将非办案业务规定其中，以致权力清单过于庞杂，从而淡化了其原有的功能。

第四部分，明确检察辅助人员职责。第十七条至第二十条分别规定了检察官助理、书记员、检察技术人员和司法警察的职责。与2015年《若干意见》相比，比较重要的变化是修订完善了检察官助理职责，增加规定了书记员、检察技术人员和司法警察的职责。为了加强对检察官助理的培养锻炼，规定经检察长批准，高阶段的检察官助理可以在检察官就主要事实和法律问题发言后，辅助进行举证质证、补充发表出庭意见、参与法庭辩论。第十九条在规定书记员职责时还规定，检察官可以指派书记员配合检察官助理开展工作。主要是为了处理好检察官助理与书记员的关系。检察官助理与书记员尽管属于不同类型的人员，但工作中需要在检察官的领导下相互衔接、协作配合，书记员有时也需要在检察官助理的带领下完成一些辅助性工作。

第五部分，完善检察权内部制约监督机制。为贯彻党的二十大报告关于加强司法活动的制约监督的要求，2024年《若干意见》将完善检察权内部制约监督机制单列为一个部分，分别规定了上级检察院对下级检察院的监督、检察长的监督、部门负责人的监督、监督管理责任等。

1. 关于检察长的监督

第二十二条明确了检察长可以对检察官职权范围内决定的案件或者办案事项进行审核，可以要求检察官报告其办理案件的有关情况，存在无正当理由不执行检察长、检察委员会的决定；检察官办理的案件可能受到不当过问、干预；当事人举报投诉检察官违法办案；律师申诉、控告检察官阻碍其依法行使诉讼权利以及其他未依法履行办案职责情形的，检察长还可以要求检察官作出说明，以便于检察长核实并作出处置。上述职责符合检察一体化的特征，也有助于加强对检察官办理案件的监督。

2. 关于业务部门负责人的监督

第二十三条规定了业务部门负责人的九项职责。业务部门负责人是检察长管理工作的重要协助者，在检察业务监督管理体系中发挥着重要作用。归结起来，2024年《若干意见》赋予业务部门负责人以下几类职责：（1）案件的审核。即对需要提请检察委员会讨论、报请检察长决定的案件，以及拟向检察长报告的案件进行审核；对检察官办理案件的起诉书、不起诉决定书、抗诉书、检察建议书、检察意见书等重要法律文书进行审核。考虑到各地工作的差异性，部门负责人审核范围不宜"一刀切"，需要考虑大院小院、案多案少、检察官素养等多种因素，因此，关于部门负责人的审核范围，也赋予了各级检察院一定的自主权。各地可以在职权清单中进一步明确。（2）办案的管理。比如，召集检察官联席会议讨论案件，为办理案件的检察官或者检察官办案组提供参考意见；通过听取案件汇报、查看全国检察业务应用系统、抽查案卷材料等，对本部门检察官办理的案件进行常规检查。（3）对人的管理。比如，对检察官不履行或者不正确履行职责的行为提出纠正意见，并督促整改；向检察长报告检察官履职情况；对本部门检察人员开展考核管理；等等。

3. 关于监督管理责任的定位

第二十五条单独规定了检察长、副检察长、业务部门负责人等的监督管理责任。与2015年《若干意见》相比，此次修改的一个重要变化就是对监督管理责任进行了重新定位。原来的监督管理责任与故意、重大过失并列，属于司法责任的形式之一。监督管理和故意、重大过失的分类标准并不统一，实践中容易造成混淆。因此，此次修订将监督管理责任单列出来，一方面，更加有利于明确谁来办案、谁来监督的问题；另一方面，也更加凸显了监督管理的重要性。

第六部分，完善司法责任认定和追究制度。与2015年《若干意见》相比，这部分进行了简化处理，没有再规定故意和重大过失的具体情形。考虑到相关内容在同步修订的《人民检察院司法责任追究条例》中已经作了详细规定，因此，没有再重复规定。第二十六条规定了司法责任的基本类别，即故意违反职责和因重大过失违反职责造成严重后果的司法责任。第二十七条至第三十二条规定了不同主体的司法责任划分。其中第三十条明确了同一案件中监督责任与司法责任如何承担的问题，即独任检察官、检察官办案组根据检察长、副检察长、检察委员会专职委员、业务部门负责人对案件重新审查的要求，改变原决定从而作出错误决定，前述负有监督管理职责的人员存在故意或者重大过失的，承担监督管理责任；独任检察官、检察官办案组存在故意或者重大过失的，承担司法责任。主要考虑还是把监督和办案分开，防止办案主体和监督主体混淆。

第三十三条、第三十四条分别规定了一般过失、司法瑕疵两种不承担司法责任的情形。第三十五条至第三十九条规定了检察官惩戒、司法责任追究、从宽从严处理、复核申诉、检察官履职权利保障等，与《人民检察院司法责任追究条例》《检察官惩戒工作程序规定（试行）》等内容基本一致。

第七部分，完善检察权管理机制。重点规定了办案流程信息化、检察人员考核、案件质量评查、落实"三个规定"、案件信息公开等，与2015年《若干意见》相比没有大的变化，主要是对一些表述的修正。其中第四十一条规定，检察官年度考核不称职的，要降低检察官等级，经检察官考评委员会认定不能胜任检察官职务的，应当按照程序退出检察官员额。主要考虑是综合运用"降级"与"退额"等组织处理形式，既推动检察人员守住依法办案的底线，更要推动检察人员树立践行"高质效办好每一个案件"的价值追求。

第八部分，附则。主要界定了相关表述和2024年《若干意见》的效力问题。对于检察人员的范围，征求意见时有地方提出应当包括司法行政人员。此处仅是限于办案过程中的检察人员，因此，没有包含司法行政人员。业务部门负责人包括具有检察官身份的部门正职、副职。这里包含两层意思：一是必须是具有检察官身份的部门负责人。根据相关规定，业务部门负责人一般由检察官担任，实践中也有地方探索由未取得检察官身份的人担任业务部门副职，从事党建、行政等工作，发挥了重要作用。但是，根据司法责任制的原理，未取得检察官身份的部门负责人，不能审核案件、主持召开检察官联席会议等。二是既包括正职，也包括副职。一般指的是正职，正职暂无法正常履职的，由副职履行上述职责，避免监督层级太多影响办案效率。当然，也可以由正职、副职进行合理分工，具体如何履职要结合不同检察院、不同部门实际情况来确定。2024年《若干意见》所列检察长行使的职权，检察长可以委托副检察长、检察委员会专职委员行使。2015年《若干意见》表述为"检察长（分管副检察长）"，在加入检察委员会专职委员后，按照上述表述方式就显得十分烦琐，故在附则中统一规定。

四、贯彻落实

2024年《若干意见》是检察机关贯彻落实党的二十大、二十届三中全会精神，全面准确落实和完善司法责任制的基础性文件。各级检察机关要高度重视，全面组织学习，认真贯彻落实。

一是结合党的二十大、二十届三中全会决策部署系统学习理解。要结合"深化司法体制综合配套改革，全面准确落实司法责任制""落实和完善司法责任制"的要求，深刻理解修订的相关背景和主要内容，把落实2024年《若干意见》作为贯彻党的二十大、二十届三中全会精神的重要抓手，推动各项工作高质量发展。要把2024年《若干意见》和人民检察院组织法、检察官法和《人民检察院司法法责任追究条例》《最高人民检察院关于进一步加强人民检察院检察官助理管理工作的意见》以及《人民检察院刑事诉讼规则》《人民检察院民事诉讼监督规则》《人民检察院行政诉讼监督规则》《人民检察院公益诉讼办案规则》

等结合起来，理解其中的逻辑关系，熟知相关规定，做到融会贯通。

二是结合实际做好职权清单及其他规定的动态调整。2024年《若干意见》在修订时，汲取了各地制定职权清单的有益经验，也适当考虑了印发后与各地检察官职权清单的兼容问题。各地要按照2024年《若干意见》的规定对本辖区检察官职权清单、领导干部监督管理、检察辅助人员职责等规定进行梳理，如有不一致的，结合实际及时进行动态调整。

三是发挥领导干部引领带头作用。领导干部既是司法办案的主体，也是监督管理的主体，要充分发挥示范带头作用，全面准确落实司法责任。检察长、副检察长、检察委员会专职委员要按照《最高人民检察院关于检察长、副检察长、检察委员会专职委员办理案件有关问题的意见》的要求履行好办案职权，特别是要作为主办检察官直接办理案件。要建立健全领导干部直接办案清单制度，结合2024年《若干意见》的规定，进一步明确入额院领导应当办理的重大复杂敏感与新类型案件类型，优化领导干部办案考核、通报制度。业务部门负责人要切实履行审核把关责任，根据检察长的授权加强对案件的监督管理。

四是严肃追究司法责任。追责惩戒是落实司法责任的关键环节。严肃追责是全面准确落实司法责任制的必然要求。要落实"有权必有责"，对于受人请托办人情案、金钱案、关系案等严重违纪违法行为，要严格执行检察官惩戒程序，依纪依规依法严肃追究违法办案责任。同时，要严格区分一般过失与重大过失、司法瑕疵与司法责任，完善容错机制，做到精准问责、规范问责。要贯彻落实"三个区分开来"的要求，加强检察人员权益保障，鼓励检察人员在职权范围内依法履职，充分发挥主观能动性，努力做到高质效办好每一个案件。

（来源：《人民检察》2024年第15期）

部门规章、规章性文件与解读

民政部　中央社会工作部　农业农村部
市场监管总局　全国工商联

关于加强社会组织规范化建设
推动社会组织高质量发展的意见

2024 年 9 月 25 日　　　　　　　　　　民发〔2024〕43 号

各省、自治区、直辖市民政厅（局）、党委社会工作部、农业农村（农牧）厅（局、委）、市场监管局（厅、委）、工商联，新疆生产建设兵团民政局、党委社会工作部、农业农村局、市场监管局、工商联：

为深入贯彻落实党中央、国务院关于加强社会组织建设和管理的决策部署，针对当前社会团体、基金会和社会服务机构突出问题，以规范化建设推动社会组织高质量发展，现提出如下意见。

一、总体要求

以习近平新时代中国特色社会主义思想为指导，认真贯彻落实党的二十大和二十届二中、三中全会精神，进一步全面深化社会组织领域改革，走稳走好具有中国特色的社会组织发展之路。坚持和加强党对社会组织工作的全面领导，把党的领导和党的建设贯穿社会组织运行全过程。坚持守正创新、破立并举、先立后破，一手抓积极引导发展、一手抓严格依法管理，做到稳中求进、统筹兼顾、分类指导。通过规范登记审查、加强管理服务、依法开展监督、积极鼓励引导，着力解决当前社会组织中存在的突出问题，促进社会组织规模更加适当、结构更加合理、治理更加有效，推动社会组织助力国家治理体系和治理能力现代化，为推进中国式现代化作出更大贡献。

二、依法严格登记审查

（一）实行事先告知提示。各级民政部门在社会组织申请成立登记阶段应首先向发起人、捐资人书面告知登记管理法规政策要求，重点提示捐资人对投入的财产不保留或者享有任何财产权利、工作人员工资福利等管理费用开支应当合理并控制在规定的比例内、社会组织的财产必须用于符合章程规定的宗旨和业务活动、法人终止时剩余财产不得向发起人或捐资人分配等规定。发起人在告知后继续提出申请的，签收事先告知书。捐资人清楚知晓社会组织财产属性和捐赠行为法律效果后继续履行捐赠的，签署捐资承诺书。

（二）严格审查负责人人选。承担社会组织负责人审核职能的相关部门要细化任职条件、程序等要求，把政治标准摆在首位，按照讲政治、守信念、讲奉献、有本领、重品行的原则严格审查。对于负责人人选中的兼职领导干部，要认真审核相关人选履行兼职报批情况，未按规定程序报批的不得作为负责人人选。社会组织要建立健全负责人选任、公示、履职、管理、监督、退出等制度，完善激励约束机制，推选政治合格、在本领域有代表性、具备相应经验和业务能力、适合岗位职责要求的人员担任负责人，落实任职回避相关规定。社会组织按规定履行相关程序后开展民主选举，在选任负责人前应向会员（代表）大会或理事会充分说明人选的相关情况，选任后按要求到民政部门履行备案手续。

（三）引导社会组织聚焦主责主业。民政部门会同业务主管单位、行业管理部门，在社会组织申请成立登记、名称变更、章程核准时，按照明确、清晰、聚焦主业的原则加强名称审核、业务范围审定。在日常监管、年检年报、抽查审计、执法监督、等级评估、舆情监测等工作中发现社会组织超出宗旨和业务范围开展活动的，民政部门会同相关部门依法处理。

三、加强社会组织自身建设

（四）强化内部机构功能作用。社会组织要依照法规政策和章程细化会员（代表）大会、理事会、监事（会）等内部机构的职权、议事规则和履职要求，建立并落实主要负责人、法定代表人述职制度。会员（代表）大会、理事会应当进行民主选举、民主决策、民主管理，实行一人一票平等表决、理事长（会长）末位表态，对不同意见应予以记录。社会组织人、财、物、活动中按规定由会员（代表）大会、理事会决策的事项，不得由个人专断或由理事长（会长）办公会等代为决策。监事应忠实、勤勉履行职责，加强对负责人、理事、财务管理人员职务行为的监督。业务主管单位推动社会组织建立健全内部机构运行各项制度，指导解决内部治理问题。

（五）加强分支（代表）机构管理。社会团体、基金会要审慎决策设立分支（代表）机构，对设立的必要性、可行性进行充分论证，做到与自身宗旨和业务范围相符合，与管理服务能力、工作需要相适应。要建立健全分支（代表）机构管理制度，加强对分支（代表）机构名称、负责人、工作人员、项目、活动、财务等事项的审核和监督，不得将分支（代表）机构委托其他组织或个人运营，不得借设立分支（代表）机构收取或变相收取管理费用。分支（代表）机构开展活动产生的法律责任，由设立该机构的社会团体、基金会承担；与其他民事主体开展合作活动的，必须经设立该机构的社会团体、基金会授权或批准。

（六）加强财务管理。社会组织要严格执行《中华人民共和国会计法》、《民间非营利组织会计制度》等规定，按照非营利法人要求有效利用、规范管理资产。要结合自身实际，建立权责清晰、约束有力的内部财会监督机制和内部控制体系，明确内部监督的主体、范围、程序、权责等，落实内部财会监督主体责任。定期向会员（代表）大会、理事会、监事（会）等报告财务收支情况。社会组织的负责人、理事、监事、主要捐赠人等与社会组织交易对象存在控制关系或者能够施加重大影响的，应当主动报告并按规定回避表决，相关交易情况应依法如实披露。

（七）健全内部纠纷解决机制。社会组织应建立内部纠纷解决机制，依法依规妥善解决内部矛盾纠纷。社会组织应做好档案资料保管，建立健全证书、印章、档案、文件等内部管理制度，通过查阅原始档案并开展协商的方式解决矛盾争议。理事长（会长）要充分协调各方，及时组织召开会议，推动达成一致意见；理事长（会长）不能正常履职的，可按章程规定的程序推举一位负责人召集会议。无法通过协商解决内部矛盾争议的，可通过调解、司法程序等方式依法解决。

四、强化管理和监督

（八）建立健全重大事项报告制度。业务主管单位建立健全双重管理社会组织重大事项报告制度，明确社会组织进行报告的程序、事项明细、管理要求等，将社会组织的重要人事变动、重要会议及活动、设立分支（代表）机构、大额资金收支、对外交往、接收或开展境外捐赠资助等事项纳入报告范围。行业管理部门通过制定指导监管事项清单等方式，加大对本行业本领域已脱钩行业协会商会和直接登记社会组织的业务指导和行业监管。民政部门指导社会组织建立活动影响评估机制，对可能引发社会风险的重要事项事先向政府有关部门报告。

（九）提升年检年报工作质量。民政部门督促社会组织如实填报年度工作报告、财务会计报告,经集体研究后按要求报送。民政部门进一步完善年检工作制度,细化年检审查标准,强化对社会组织负责人超龄超届任职情况管理监督,加强年检结果、年报发现问题的分析运用,视情向业务主管单位、行业管理部门、社会工作部门等反馈社会组织的突出问题;对于年检年报发现的问题,采用提醒敦促、约谈负责人、发放整改文书、行政处罚等梯次监管工具督促整改;依托年检年报等工作,汇总社会组织基础信息,建立健全社会组织工作档案,强化信息共享和成果运用。

(十)规范社会组织收费。市场监管、民政等部门持续引导行业协会商会等社会组织规范收费行为,按照依法合规、公开透明、平等自愿的原则,综合考虑服务成本、会员经营状况、承受能力、行业发展水平等因素合理制定收费标准,及时公示收费项目、收费性质、服务内容、收费标准及依据等信息。对于强制入会和强制收费、利用法定职责和行政机关委托或授权事项违规收费、通过评比达标表彰活动收费、通过职业资格认定违规收费、通过培训或评价发证违规收费、只收费不服务等行为,依法依规严肃处理。

(十一)加强综合监督管理。民政部门依法对社会组织加强登记审查、监督管理和执法检查。业务主管单位按照相关规定,对所主管社会组织切实负起相应监督管理责任。行业管理部门将社会组织纳入行业管理,加强业务指导和行业监管。审计机关依法对社会组织取得的财政资金、国有资产以及受政府委托管理的其他公共资金进行审计监督。相关职能部门依据相关法律法规,按照各自职能落实对社会组织服务行为及业务活动的监管责任,实施有效监管。

(十二)创新监督管理手段。民政部门建好用好社会组织法人库、社会组织信用信息管理平台、慈善中国等基础平台,推进社会组织细化分类,建立健全大数据辅助决策和预警机制,充分运用数字技术加强线上线下一体化监管和智慧监管。推进部门间信息共享共用,完善社会组织行政执法与纪检监察、刑事司法衔接贯通机制，强化对相关人员责任追究和查处。加强社会组织信用体系建设，民政部门配合相关部门按照各自职能，依据社会组织信用信息采取相应的激励和惩戒措施，重点推进对失信社会组织的联合惩戒。鼓励各界开展社会监督，加大社会组织典型案件曝光力度，通过以案释法等方式开展警示教育。

五、积极引导发展

（十三）加强政策保障。健全社会组织管理制度，加快推进重点领域社会组织法律法规制定，鼓励各地民政部门先行先试、因地制宜开展制度创新。充分发挥主流媒体作用，拓展网络宣传渠道，定期组织法规政策培训，推动法规政策宣传普及。落实社会组织承接政府购买服务、税收优惠、人才工作等制度安排，支持社会组织按规定享受相关优惠待遇。

（十四）推动以评促建。民政部门积极完善社会组织等级评估指标，加强评估队伍建设，动员社会组织积极参加评估，推动在社会组织承接政府转移职能和购买服务、参加评先评优等工作中运用好评估结果，不断提高社会组织参评比例。组织实施社会组织领域行业标准，加强社会组织能力建设。引导社会组织持续完善管理制度、规范内部治理、提高服务能力。

（十五）推进品牌建设。民政部门引导社会组织树立品牌意识，依据章程、业务范围和自身专长开展专业化、差异化、个性化特色服务，建设具有竞争力的服务品牌。加强社会组织教育培训，积极开展先进社会组织案例库建设和典型宣传等活动，按照国家有关规定开展表彰奖励工作，做好品牌社会组织宣传推广，发挥示范带动作用。

（十六）突出特色优势。民政部门积极推动社会组织持续提升专业水平和服务能力，发挥自身特色优势，找准服务大局、服务基层的结合点、着力点，积极服务科技创新、推动新质生产力加快发展、引进全球高水平人才，更好服务基本民生保障、基层社会治理、基本社会服务。

农业农村、民政等部门引导社会组织发挥产业、科技、人才等方面优势服务乡村振兴，积极参与乡村产业发展、乡村建设、乡村治理；依托东西部协作、定点帮扶等工作机制，鼓励各类社会组织通过派出人员、资金支持、资源整合等方式服务脱贫地区乡村发展。

六、加强组织领导

（十七）坚持党建引领。加大在社会组织组建党组织力度，扩大党的组织和党的工作有效覆盖。建立健全党组织参与社会组织重大问题决策制度机制，结合实际制定党组织参与决策事项清单。增强党组织政治功能和组织功能，充分发挥政治引领作用，教育管理党员，引领服务群众，推动事业发展。

（十八）强化部门协同。各级民政、社会工作、农业农村、市场监管、工商联等部门和单位要积极会同相关职能部门，按照职责分工落实各项任务，加强协同配合，增强工作合力。民政部门要结合实施社会组织规范化建设专项行动，发挥综合协调作用，抓好督促落实，确保取得实效。

解读《民政部、中央社会工作部、农业农村部、市场监管总局、全国工商联关于加强社会组织规范化建设推动社会组织高质量发展的意见》

民政部有关负责人

为进一步全面深化社会组织领域改革，着力解决当前社会组织中存在的突出问题，民政部会同中央社会工作部、农业农村部、市场监管总局、全国工商联印发了《关于加强社会组织规范化建设推动社会组织高质量发展的意见》（以下简称《意见》）。

一、《意见》的出台背景

以社会团体、基金会和社会服务机构为主体组成的社会组织，是我国社会主义现代化建设的重要力量。目前，我国社会组织总量已达88.2万余家，在服务国家、服务社会、服务群众、服务行业等方面发挥了重要作用。但同时，社会组织领域还存在不少突出问题和风险隐患，相关制度建设和监管手段有待加强。党的二十届三中全会通过的《中共中央关于进一步全面深化改革　推进中国式现代化的决定》中多处对社会组织工作作出重大部署，为新时期社会组织工作提供了重要遵循。出台《意见》，通过进一步规范登记服务、加强监督管理、积极鼓励引导，以规范化建设推动社会组织高质量发展，是贯彻落实党的二十大和二十届二中、三中全会精神的重要举措。

二、关于严格登记审查

为进一步细化登记服务，严格登记阶段审核把关，《意见》提出了三项具体要求：一是在成立登记阶段，针对有的发起人不了解社会组织非营利法人属性、有的捐资人将捐赠资产当作借给社会组织或者投资取得社会组织"股权"等问题，要求各级民政部门实行事先告知提示，避免发起人、捐资人盲目申请成立登记社会组织。二是在审查负责人人选时，引导社会组织建立健全负责人选任、公示、履职、管理、监督、退出等制度，推选政治合格、在本领域有代表性、具备相应经验和业务能力、适合岗位职责要求的人员担任负责人。三是在审核名称、审定业务范围时，按照明确、清晰、聚焦主业的原则进行把关，引导社会组织聚焦主责主业。

三、关于加强社会组织自身建设

为解决部分社会组织内部治理不完善、决策机制和监督机制失灵等突出问题，推动社会组织加强对人、财、物、活动的管理，《意见》提出的重点举措包括：强化会员（代表）大会、理事会、监事（会）等内部机构的功能作用发挥，落实民主选举、民主决策、民主管理；推动社会团体、基金会建立健全分支（代表）机构管理制度，加强对分支（代表）机构的监管；要求社会组织加强财务管理，建立权责清晰、约束有力的内部财会监督机制和内部控制体系，依法如实披露关联交易情况；引导社会组织健全内部纠纷解决机制，在正常决策机制失灵时利用多种方式解决矛盾纠纷。

四、关于强化多部门联合监管机制

为进一步规范社会组织各项活动，《意见》推动相关部门按照各自职能落实监管责任，形成监管合力。主要举措有：支持业务主管单位建立健全重大事项报告制度、行业管理部门加强业务指导和行业监管；进一步提升社会组织年检年报工作质量，民政部门视情向相关部门反馈年检年报中发现的突出问题，督促社会组织及时整改；引导行业协会商会等社会组织规范收费行为，相关职能部门依法依规查处社会组织违规收费行为；加强线上线下一体化监管和智慧监管；完善社会组织行政执法与纪检监察、刑事司法衔接贯通机制；重点推进对失信社会组织的联合惩戒；加大典型案件曝光力度，通过以案释法等方式开展警示教育。

五、关于《意见》的目标任务

为更好发挥社会组织积极作用，《意见》提出以下目标任务：健全社会组织管理制度，加快推进重点领域社会组织法律法规制定，推动落实社会组织相关政策和优惠待遇；不断提高社会组织参加等级评估的比例，推动社会组织加强能力建设；引导社会组织树立品牌意识、推进品牌建设，通过典型宣传、表彰奖励等方式形成示范带动；支持社会组织发挥自身特色优势，进一步服务大局、服务基层、参与乡村振兴。

六、关于强化党建引领

为更好发挥社会组织党的建设的统领作用，《意见》在总体要求中提出，要坚持和加强党对社会组织工作的全面领导，把党的领导和党的建设贯穿社会组织运行全过程。同时，在组织领导部分单列一项，提出要加大在社会组织组建党组织力度，建立健全党组织参与社会组织重大问题决策制度机制，增强党组织政治功能和组织功能，充分发挥政治引领作用，教育管理党员，引领服务群众，推动事业发展。

七、关于贯彻落实

民政部将结合《意见》实施，会同相关部门做好相关法规政策解读，引导广大社会组织知法懂法守法，进一步提高规范化运行的意识和能力。同时，结合实施社会组织规范化建设专项行动，强化部门、央地协同，通过宣传、培训、会议等方式，做好对各地民政部门的业务指导，推动各项措施逐步贯彻落实。

（来源：民政部网站）

国家市场监督管理总局
关于印发《标准必要专利反垄断指引》的通知

2024 年 11 月 4 日　　　　　　国市监反执一发〔2024〕102 号

各省、自治区、直辖市和新疆生产建设兵团市场监管局（厅、委）：

《标准必要专利反垄断指引》已经 2024 年 8 月 26 日市场监管总局第 22 次局务会议通过，现印发给你们，请结合实际做好宣传和贯彻实施。

标准必要专利反垄断指引

第一章　总　　则

第一条　指引的目的、依据

为预防和制止滥用标准必要专利排除、限制竞争的行为，保护市场公平竞争，鼓励创新，提高经济运行效率，维护消费者利益和社会公共利益，根据《中华人民共和国反垄断法》（以下简称《反垄断法》）

《中华人民共和国标准化法》《中华人民共和国专利法》和《禁止滥用知识产权排除、限制竞争行为规定》《国务院反垄断委员会关于知识产权领域的反垄断指南》等法律法规规章和指南的规定，制定本指引。

第二条 相关概念

标准必要专利，是指实施标准必不可少的专利。

标准必要专利权人及相关权利人，是指享有标准必要专利权的经营者或者有权许可他人实施标准必要专利的经营者，本指引以下统称为标准必要专利权人。

标准实施方，是指实施标准的经营者。

第三条 分析原则

认定滥用标准必要专利排除、限制竞争行为，依据《反垄断法》并遵循以下基本原则：

（一）依据《反垄断法》规定，采用与滥用知识产权排除、限制竞争行为相同的分析思路；

（二）兼顾保护知识产权和维护市场公平竞争；

（三）平衡标准必要专利权人和标准实施方的利益；

（四）充分考量标准制定和实施过程中与标准必要专利相关的信息披露、许可承诺与许可谈判等情况。

第四条 相关市场

通常情况下，界定涉及标准必要专利的相关商品市场和相关地域市场需要遵循《反垄断法》《国务院反垄断委员会关于相关市场界定的指南》和《禁止滥用知识产权排除、限制竞争行为规定》所确定的一般原则，同时考虑标准必要专利的特点，结合个案进行具体分析。

（一）相关商品市场

界定涉及标准必要专利的相关商品市场采用替代性分析的方法。在具体个案中，涉及标准必要专利的相关商品市场主要是技术市场和实施标准所涉及的产品和服务市场。其中，技术市场可以从不同标准之间、不同标准必要专利之间、标准必要专利与非标准必要专利之间以及标准必要专利与非专利技术之间等是否存在紧密替代关系进行需求替代分析。必要时，可以同时从标准和标准必要专利的供给等方面进行供给替代分析。

（二）相关地域市场

界定涉及标准必要专利的相关地域市场同样采用替代性分析的方法。当涉及标准必要专利的许可覆盖多个国家和地区时，在个案中界定相关地域市场，需综合考虑不同国家和地区在标准实施、专利权保护等方面的地域性特征等因素。

在调查涉及标准必要专利的垄断协议、滥用市场支配地位案件以及开展经营者集中反垄断审查时，通常需要界定相关市场，但不同类型垄断案件对于相关市场界定的实际需求不同，应结合个案情况有所侧重。

第五条 加强事前事中监管

在标准制定与实施、专利联营的管理或者运营以及标准必要专利许可过程中，标准制定组织、专利联营的管理或者运营主体、标准必要专利权人、标准实施方等经营者应当加强反垄断合规建设，防范垄断风险，发现可能存在排除、限制竞争风险的，可以主动向反垄断执法机构报告有关情况，接受监督和指导。

对存在排除、限制竞争风险或者涉嫌实施垄断行为的，反垄断执法机构可以通过提醒敦促、约谈整改等方式，加强事前事中监管，要求标准制定组织、专利联营的管理或者运营主体、标准必要专利权人、标准实施方等经营者提出改进措施，做好有关问题的预防和整改。反垄断执法机构采取事前事中监管措施的，不影响对垄断行为的调查处理。

对存在排除、限制竞争风险或者涉嫌实施垄断行为的，任何单位和个人有权向反垄断执法机构举报。

第二章 涉及标准必要专利的信息披露、许可承诺和善意谈判

反垄断执法机构鼓励标准必要专利权人及时充分披露标准必要专利信息，作出公平、合理和无歧视的许可承诺，以及与标准实施方共同进行善意的许可谈判。上述良好行为有利于提高标准的制定和实施效率，维护公平竞争的市场秩序，促进技术创新与产业发展。若未遵循上述良好行为，并不必然导致违反反垄断法，但可能提高排除、限制竞争的风险。

第六条 标准必要专利的信息披露

按照标准制定组织规定，参与标准制修订的经营者，在标准制修订的任何阶段需及时充分披露其拥有和知悉的必要专利，同时提供相应证明材料。

没有参与标准制修订的经营者可以按照标准制定组织规定，在标准制修订的任何阶段披露其拥有和知悉的必要专利，同时提供相应证明材料。

在具体个案中，经营者未按照标准制定组织规定及时充分披露专利信息，或者已明确放弃专利权但向标准实施方主张专利权的情形，是认定其行为在相关市场中是否会对市场竞争产生排除、限制影响的重要考虑因素。

第七条 标准必要专利的许可承诺

公平、合理和无歧视原则，是标准必要专利权人与标准实施方进行标准必要专利许可谈判需遵循的重要原则，被境内外标准制定组织所公认并广泛采用，成为知识产权政策的重要内容。

按照标准制定组织规定，参与标准制修订的专利权人或者专利申请人需明确作出专利实施许可声明，同意在公平、合理和无歧视原则基础上，免费或者收费许可其他经营者在实施该标准时使用其专利。

对于已经基于公平、合理和无歧视原则作出许可承诺的专利，标准必要专利权人转让该专利时，需事先告知受让人该专利实施许可承诺的内容，并保证受让人同意受该专利实施许可承诺的约束，即标准必要专利许可承诺对受让人具有同等效力。

在具体个案中，标准必要专利权人或者其受让人是否违反公平、合理和无歧视承诺，是认定构成以不公平的高价许可，没有正当理由拒绝许可、搭售、附加其他不合理的交易条件或者实行差别待遇等具体垄断行为的重要考虑因素。

第八条　标准必要专利的善意谈判

标准必要专利善意谈判是履行公平、合理和无歧视原则的具体表现。标准必要专利权人和标准实施方之间就标准必要专利许可的费率、数量、时限、使用范围和地域范围等许可条件开展善意谈判，以达成公平、合理和无歧视的许可条件。善意谈判包括但不限于下列程序和要求：

（一）标准必要专利权人应对标准实施方提出明确的许可谈判要约，通常包括标准必要专利清单、合理数量的标准必要专利与标准的对照表、许可费率的计算方法及依据、合理的反馈期限等具体内容；

（二）标准实施方在合理期限内对获得许可表达善意意愿，即不存在无正当理由拖延、拒绝许可谈判等情形；

（三）标准必要专利权人提出符合其所作出的公平、合理和无歧视承诺的许可条件，主要包括许可费率计算方法及合理性理由、标准必要专利保护期限及转让情况等与许可直接相关的必要信息和实际情况；

（四）标准实施方在合理期限内接受许可条件，如不接受，需在合理期限内就许可条件提出符合公平、合理和无歧视原则的方案。

在具体个案中，应对谈判的过程和内容进行全面评估。标准必要专利权人和标准实施方均需对其已尽到善意谈判义务进行证明。标准实施方表达善意意愿不影响其在谈判过程中对专利的必要性、有效性等提出异议的权利。

第三章 涉及标准必要专利的垄断协议

认定涉及标准必要专利的垄断协议，适用《反垄断法》和《禁止垄断协议规定》《禁止滥用知识产权排除、限制竞争行为规定》等相关规定。

第九条 标准制定与实施过程中的垄断协议

在标准制定和实施过程中，经营者之间可能达成垄断协议，排除、限制竞争，具体分析时可以考虑以下情形：

（一）是否没有正当理由，排除其他特定经营者参与标准制定；

（二）是否没有正当理由，排除其他特定经营者的相关方案；

（三）是否没有正当理由，约定不实施其他竞争性标准；

（四）是否没有正当理由，限制特定标准实施方基于标准进行测试、获得认证等实施标准的活动；

（五）需要考虑的其他相关情形。

标准制定组织或者其他经营者不得在标准制定和实施过程中，组织标准必要专利权人达成垄断协议或者为标准必要专利权人达成垄断协议提供实质性帮助。

第十条 涉及标准必要专利联营的垄断协议

通常情况下，专利联营可以降低许可等交易成本，提高许可效率。但是，标准必要专利权人之间可能利用专利联营达成垄断协议，排除、限制竞争，具体分析时可以考虑以下情形：

（一）标准必要专利权人是否利用专利联营交换价格、产量、市场划分等有关竞争的敏感信息；

（二）专利联营的管理或者运营主体是否将竞争性专利纳入专利联营；

（三）专利联营的管理或者运营主体是否联合限制标准必要专利权

人单独对外许可；

（四）专利联营的管理或者运营主体是否组织标准必要专利权人达成垄断协议或者为标准必要专利权人达成垄断协议提供实质性帮助；

（五）需要考虑的其他相关情形。

第十一条　涉及标准必要专利的其他垄断协议

除上述协议外，标准必要专利权人还可能滥用其专利权实施其他类型的垄断协议，排除、限制竞争，具体分析时可以考虑以下情形：

（一）是否限制标准实施方生产、销售涉及标准必要专利产品的价格、数量、地域范围或者质量；

（二）是否限制标准实施方开发竞争性技术；

（三）可能构成垄断协议的其他情形。

第四章　涉及标准必要专利的滥用市场支配地位行为

认定涉及标准必要专利的滥用市场支配地位行为，适用《反垄断法》和《禁止滥用市场支配地位行为规定》《禁止滥用知识产权排除、限制竞争行为规定》等相关规定。通常情况下，首先需要界定相关市场，分析标准必要专利权人等经营者在相关市场是否具有市场支配地位，再根据个案情况具体分析是否构成滥用市场支配地位行为。

第十二条　市场支配地位的认定方法和考虑因素

认定标准必要专利权人等经营者在相关市场上是否具有支配地位，应当依据《反垄断法》和《国务院反垄断委员会关于知识产权领域的反垄断指南》等规定进行分析，认定或者推定经营者具有市场支配地位需结合标准必要专利的特点，可以具体考虑以下因素：

（一）标准必要专利权人在相关市场的市场份额，以及相关市场的竞争状况。通常情况下，在标准本身并无替代标准时，标准必要专利权人在其持有的标准必要专利许可市场中，占有全部的市场份额，但是有证据足以推翻的除外；

（二）标准必要专利权人控制相关市场的能力。主要包括标准必要专利权人决定许可费率、许可方式等许可条件的能力，阻碍、影响其他经营者进入相关市场的能力，以及标准实施方制约标准必要专利权人的客观条件和实际能力等；

（三）下游市场对标准必要专利的依赖程度。主要包括对应标准的演进情况、可替代性和转换成本等；

（四）其他专利权人进入许可市场的难易程度。主要包括标准必要专利技术被替换的可能性等；

（五）标准必要专利权人的财力和技术条件等与认定市场支配地位有关的其他因素。

第十三条　以不公平的高价许可标准必要专利

通常情况下，合理的许可费能够保障标准必要专利权人就其研发投入和技术创新获得回报。但是，标准必要专利权人等经营者可能滥用其市场支配地位，以不公平的高价许可标准必要专利或者销售包含标准必要专利的产品，排除、限制竞争，具体分析时可以考虑以下因素：

（一）许可双方遵循本指引第二章开展良好行为的情况；

（二）许可费是否明显高于可以比照的历史许可费或者其他经营者的许可费；

（三）许可谈判过程中，是否主张对过期、无效的标准必要专利或者非标准必要专利收取许可费；

（四）标准必要专利权人等经营者是否根据标准必要专利数量、质量和价值发生的变化合理调整许可费；

（五）标准必要专利权人等经营者是否通过非专利实施实体等进行重复收费。

第十四条　拒绝许可标准必要专利

通常情况下，在标准必要专利权人按照标准制定组织的规则作出公平、合理和无歧视承诺后，如果没有正当理由，标准必要专利权人等经营者不得拒绝任何愿意获得许可的标准实施方，否则可能对市场竞争产生排除、限制影响，具体分析时可以考虑以下因素：

（一）许可双方遵循本指引第二章开展良好行为的情况；

（二）标准实施方是否有不良信用记录或者出现经营状况恶化等严重影响交易安全的情况；

（三）是否因不可抗力等客观原因无法进行标准必要专利的许可；

（四）拒绝许可相关标准必要专利对市场竞争和创新的影响；

（五）拒绝许可相关标准必要专利是否会损害消费者利益或者社会公共利益。

第十五条 涉及标准必要专利的搭售

通常情况下，在标准必要专利许可时进行一揽子许可，可以降低整体交易成本，提高标准实施效率。但是，标准必要专利权人等经营者可能滥用其市场支配地位，没有正当理由，在许可时强制标准实施方接受一揽子许可、接受非标准必要专利许可或者购买其他产品，排除、限制竞争，具体分析时可以考虑以下因素：

（一）许可双方遵循本指引第二章开展良好行为的情况；

（二）是否符合正当的行业惯例和交易习惯；

（三）是否具有技术上的合理性和必要性；

（四）拆分一揽子许可是否具有可行性，是否会给标准实施方造成不合理的标准实施成本；

（五）标准实施方是否可以自主选择许可组合或者所购买的产品。

第十六条 涉及标准必要专利的附加其他不合理的交易条件

通常情况下，标准必要专利的许可条件由标准必要专利权人和标准实施方之间约定形成，体现许可双方的意思自治。但是，标准必要专利权人等经营者可能滥用其市场支配地位，没有正当理由，在标准必要专利许可中附加不合理的交易条件，排除、限制竞争，具体分析时可以考虑以下因素：

（一）许可双方遵循本指引第二章开展良好行为的情况；

（二）是否将免费或者不合理对价的反向许可等作为许可标准必要专利的前置性条件；

（三）是否强制要求标准实施方进行交叉许可并不提供合理对价；

（四）是否禁止或者限制标准实施方对其标准必要专利的必要性、有效性等提出异议；

（五）是否禁止或者限制标准实施方选择纠纷解决的措施或者地域；

（六）是否迫使或者禁止标准实施方与第三方进行交易，或者限制标准实施方与第三方进行交易的条件；

（七）是否限制标准实施方开发竞争性技术；

（八）是否缺乏合理理由要求标准实施方提供或者披露与标准实施无关的、与相关标准必要专利许可明显缺乏相关性的经营信息与技术信息等其他不合理条件。

第十七条　涉及标准必要专利的差别待遇

通常情况下，标准必要专利许可条件会因为标准实施方的实际情况、所处地域的交易习惯、经济发展水平等在许可费、时间等方面体现出差异性。但是，标准必要专利权人可能滥用其市场支配地位，没有正当理由，对条件相同的标准实施方实行差别待遇，排除、限制竞争，具体分析时可以考虑以下因素：

（一）许可双方遵循本指引第二章开展良好行为的情况；

（二）许可谈判的时机和市场背景是否发生显著变化；

（三）标准实施方的条件是否实质相同；

（四）许可数量、地域、期限和使用范围等许可条件是否实质相同；

（五）存在差异性的标准必要专利许可内容是否因许可双方达成的

其他许可条件而导致；

（六）该差别待遇是否对标准实施方参与市场竞争产生显著不合理影响。

第十八条 涉及标准必要专利的滥用救济措施行为

通常情况下，标准必要专利权人有权依法请求法院或者相关部门作出或者颁发停止侵害相关专利权的判决、裁定或者决定。但是，标准必要专利权人等经营者可能违反公平、合理和无歧视原则，未经善意谈判，滥用上述救济措施迫使标准实施方接受其不公平的高价或者其他不合理的交易条件，排除、限制竞争。具体分析时应当考虑许可双方是否根据本指引第八条进行善意的许可谈判，并可以考虑《国务院反垄断委员会关于知识产权领域的反垄断指南》规定的其他因素。

第五章 涉及标准必要专利的经营者集中

审查涉及标准必要专利的经营者集中，适用《反垄断法》《国务院关于经营者集中申报标准的规定》《禁止滥用知识产权排除、限制竞争行为规定》等规定。

第十九条 涉及标准必要专利的经营者集中申报

经营者之间涉及标准必要专利的交易，可能构成经营者集中。认定涉及标准必要专利的交易是否构成集中，应根据《反垄断法》《国务院反垄断委员会关于知识产权领域的反垄断指南》以及有关反垄断规章进行分析，同时还可以考虑以下因素：

（一）标准必要专利所覆盖的产品或者服务是否构成独立业务或者产生独立且可计算的营业额；

（二）标准必要专利许可的方式和期限。

涉及标准必要专利的交易构成经营者集中，并且达到《国务院关于经营者集中申报标准的规定》规定的申报标准的，经营者应当事先向国务院反垄断执法机构进行申报，未申报的不得实施集中。

根据《国务院关于经营者集中申报标准的规定》，涉及标准必要专利的经营者集中未达到申报标准，但有证据证明该经营者集中具有或者可能具有排除、限制竞争效果的，国务院反垄断执法机构可以要求经营者申报。经营者未按照要求进行申报的，国务院反垄断执法机构应当依法进行调查。经营者可以就未达到申报标准的经营者集中主动向国务院反垄断执法机构申报。

第二十条　涉及标准必要专利的经营者集中审查

如果涉及标准必要专利的交易是经营者集中的实质性组成部分或者对交易目的的实现具有重要意义，在经营者集中审查过程中，应考虑《反垄断法》规定的因素，同时考虑标准必要专利的特点。

涉及标准必要专利的限制性条件包括结构性条件、行为性条件和综合性条件。附加涉及标准必要专利的限制性条件，通常根据个案情况，针对经营者集中具有或者可能具有的排除、限制竞争效果，对限制性条件建议进行评估后确定，包括但不限于要求相关经营者剥离包括标准必要专利在内的相关资产、遵循公平合理无歧视原则进行许可、禁止搭售等行为和对标准必要专利受让人的行为进行必要约束等。

第六章　附　　则

第二十一条　指引的效力

本指引仅对涉及标准必要专利领域的竞争行为作出一般性指引，供经营者和反垄断执法机构参考，不具有强制性。本指引未作规定的，可以参照《国务院反垄断委员会关于知识产权领域的反垄断指南》。

第二十二条　指引的解释和实施

本指引由市场监管总局解释，自发布之日起实施。

解读《标准必要专利反垄断指引》

国家市场监督管理总局有关负责人

为预防和制止经营者滥用标准必要专利排除、限制竞争行为，保护市场公平竞争，鼓励创新，提高经济运行效率，维护消费者利益和社会公共利益，国家市场监督管理总局（以下简称市场监管总局）印发了《标准必要专利反垄断指引》（以下简称《指引》）。现就相关内容进行解读：

一、必要性

（一）保护市场公平竞争的迫切需要

当前，标准必要专利许可实践覆盖无线通信、音视频、物联网等众多领域，许可主体趋向多元，许可模式日益复杂，在正常商业行为和反竞争行为之间存在模糊地带，增加了企业经营活动的不可预期性，也为反垄断监管执法带来挑战。《指引》明确标准必要专利领域反垄断监管执法有关制度规则，加强信息披露、许可承诺、善意谈判等行为指引和高风险行为预防，有利于为广大经营者提供清晰明确的行为遵循，促进市场公平竞争，保护产业创新发展动力。

（二）细化反垄断制度规则的内在要求

市场监管总局高度重视规制滥用知识产权排除、限制竞争行为，起草制定《国务院反垄断委员会关于知识产权领域的反垄断指南》《禁止滥用知识产权排除、限制竞争行为规定》等，建立健全知识产权领域反垄断制度规则体系。《指引》聚焦标准必要专利领域，对反垄断执法制度规则进一步细化，有利于增强制度针对性和可操作性，提升反垄断监管执法的稳定性和透明度，规范和引导行业公平竞争，形成鼓励创新的政策制度环境。

（三）顺应全球治理趋势的具体举措

近年来，标准必要专利领域的公平竞争问题受到国内外高度关注，各国结合产业发展需求，制定出台有针对性的政策措施。制定出台《指引》有利于主动顺应国际治理趋势和产业发展大势，推动健全我国标准必要专利治理体系，及时、准确、充分释放我国政府统筹保护知识产权和促进公平竞争的政策导向，推动打造统一规范有序、鼓励创新发展的市场环境，也有利于更好参与全球公平竞争治理，服务高水平对外开放，提升我国产业国际竞争力。

二、制定过程

（一）深入开展理论研究

围绕增强《指引》的理论性和前瞻性等，委托中国标准化研究院等机构开展《指引》研制咨询项目，全面梳理国内外有关标准必要专利反垄断的立法与执法司法经验，结合我国产业发展实际和阶段特点，对框架结构和主要制度进行系统研究，为《指引》研制工作提供了理论支撑。

（二）加强产业情况调研

围绕增强《指引》针对性和可操作性等，针对无线通信、音视频等重点领域标准必要专利问题，开展系列座谈和调研，重点听取标准必要专利权人和标准实施方诉求，全面了解重点产业标准必要专利发展最新情况，深入分析存在的重点、难点问题，将研究形成的解决思路转化为具体规则，为《指引》研制工作夯实了实践基础。

（三）广泛征求意见建议

围绕增强《指引》民主性和科学性等，2023 年 6 月 30 日至 7 月 29 日，就《指引》草案向社会公开征求意见，并同步征求国务院反垄断反不正当竞争委员会成员单位、各省级市场监管部门、有关社会团体、企业、专家等的意见，加强与美国、欧盟等国家和地区反垄断执法机构沟通交流，对各方面意见建议深入研究，充分吸收采纳，形成最大共识。

三、主要内容

《指引》共六章二十二条，主要规定了以下内容。

（一）总则（第 1~5 条）

明确《指引》的目的和依据，界定标准必要专利相关概念，提出涉及标准必要专利的垄断行为分析原则以及相关市场界定思路，建立事前事中监管规则。

（二）涉及标准必要专利的信息披露、许可承诺和善意谈判（第 6~8 条）

从市场公平竞争以及反垄断监管执法角度，对经营者提出信息披露等合规要求，并明确上述合规要求的定位及与认定垄断行为之间的关系。

（三）涉及标准必要专利的垄断协议（第 9~11 条）

规定标准制定与实施过程中的垄断协议、涉及标准必要专利的专利联营及其他垄断协议等情形。

（四）涉及标准必要专利的滥用市场支配地位行为（第12~18条）

规定涉及标准必要专利的市场支配地位的认定方法和考虑因素，以及滥用市场支配地位行为的典型类型及认定因素。

（五）涉及标准必要专利的经营者集中（第19~20条）

规定涉及标准必要专利的经营者集中申报情形及审查规定，并明确认定和考虑因素。

（六）附则（第21~22条）

对《指引》的效力及解释等作出规定。

四、主要特点

《指引》主要有以下三个方面的特点。

（一）充分体现发展和规范并重的基本理念

标准必要专利领域的公平竞争问题，涉及国内国际两个市场，与众多产业创新发展密切相关。《指引》积极回应标准必要专利领域市场竞争中的难点焦点问题，在转化运用成熟理论研究成果、吸收借鉴已有实践经验的基础上，坚持市场化法治化国际化的基本方向，准确把握产业发展、技术创新和市场竞争规律，明确该领域适用反垄断法的基本框架，细化相关认定规则和考虑因素，注重将事前事中预防和事后惩戒处罚相结合，充分发挥反垄断监管执法的规范和引导作用。

（二）兼顾标准必要专利权人和实施方利益平衡

标准必要专利问题涉及产业多方利益，《指引》较好地兼顾了标准必要专利权人和标准实施方之间的利益关系，充分考虑双方发展需求，在制度规则设计上，坚持兼顾当前，着眼长远，依据反垄断法规定和公平合理无歧视原则，合理明确当事人的行为、私权和公益保护的边界，着力为各类经营者公平参与市场竞争提供制度保障。一方面，强调保护知识产权，维护标准必要专利权人获得合理创新收益；另一方面，强调权利行使应当在合法范围内，有效规制滥用标准必要专利实施垄断行为，充分激发标准必要专利实施方的创新活力与动力。

（三）构建事前事中事后全链条监管的制度体系

《指引》坚持系统思维和全链条监管理念，明确标准必要专利领域反垄断监管执法事前事中事后规则，设立专章规定信息披露、许可承诺和善意谈判等鼓励经营者实施的良好行为实践，强化不公平高价、滥用诉权禁令救济等高风险竞争行为规制，并规定了"主动报告""提醒敦促""约谈整改"等事前事中监管工具，推动对标准必要专利领域反垄断监管方式的创新，促进标准必要专利领域的经营者合规建设与反垄断监管执法。

（来源：国家市场监督管理总局网站）

指导案例、典型案例与解读

司法部发布第三批贯彻实施
新修订行政复议法典型案例

(2024年9月24日)

　　新修订的行政复议法2024年1月1日正式施行以来,各级行政复议机关深入践行习近平法治思想,认真贯彻落实习近平总书记重要指示精神,积极实施行政复议法规定的新业务、新程序、新机制,高质效办理行政复议案件。上半年全国共新收行政复议案件29.2万件,同比增长150%,达到同期一审行政诉讼案件数量的2倍;纠正违法和不当行政行为2.4万件,以调解、和解、撤回申请方式办结6.4万件;20.2万件争议经复议后未再提起行政诉讼,实现案结事了,行政复议化解行政争议主渠道建设取得新成效。党的二十届三中全会决定明确指出,健全行政复议体制机制,对行政复议工作提出了新的更高要求。为更好指导行政复议在拓展新业务领域、适用新程序新机制方面日益深入的实践探索,充分发挥典型案例的示范指导作用,推动贯彻实施新修订行政复议法的不断深化,司法部遴选了第三批贯彻实施新修订的行政复议法典型案例,现予以发布。这批典型案例共6个,体现出以下鲜明特点。

　　一是对行政执法共性问题的规范监督进一步深化。行政复议机关充分运用行政复议变更和撤销决定、行政复议意见书等制度，从个案纠错到类案规范，监督行政行为的力度、深度不断增强。比如，案例2"某家庭农场不服山东省某市辖区人民政府行政补偿决定行政复议案"中，行政复议机关准确区分行政赔偿与行政补偿，对事实不清、证据不足的行政补偿决定，依法予以撤销并责令重作，有效监督了当地政府履行野生动物保护行政补偿职责。案例5"某动力机械公司不服重庆市某生态环境保护综合行政执法队行政处罚行政复议案"中，行政复议机关依法积极履行监督行政行为职责，通过制发行政复议意见书纠正不当行政行为，同时对办案中发现的行政执法共性问题提出完善裁量基准和改进执法的建议，从源头上预防行政争议的发生。

二是实质性化解行政争议的工作机制进一步完善。行政复议机关坚持和发展新时代"枫桥经验"，充分运用调解新机制，保障行政复议调解书与行政复议决定书相同的法律效力，积极推动以调解方式更快捷结案、更有效解决纠纷。比如，案例3"某新能源公司不服浙江省某市生态环境局行政处罚行政复议案"中，行政复议机关制作行政复议调解书，将处罚金额从60万元变更为20万元，取得了解决纠纷、修复生态环境、优化法治化营商环境的良好效果。

三是保障民生、服务群众法治需求的实效进一步增强。行政复议机关贯彻落实行政复议便民为民原则，通过行政复议期间停止执行行政行为、提供法律援助、案前调解等，妥善办理涉及民生福祉、关系群众生活的行政复议案件，赢得广泛认可。比如，案例4"周某不服上海市某街道办事处变更最低生活保障待遇申请行政复议案"中，行政复议机构将行政复议"端口"前移，与法律援助机构协力推动行政争议在案前化解，切实解决群众急难愁盼问题，增强了群众的法治获得感。案例6"某工程公司不服天津市某区住房和建设委员会行政处罚行政复议案"中，行政复议机关面对继续执行行政处罚将直接导致有关区域内污泥无害化治理工作中断停滞，影响重大民生工程的顺利推进，依法在行政复议期间停止行政行为的执行，在查清案件事实基础上推动被申请人自行纠错，维护了企业合法权益，也保障了民生需要。

四是促进社会治理法治化的职能作用进一步发挥。行政复议机关通过行政复议案件审理，为社会广泛关注的热点难点问题提供公正公开高效的法治救济途径，为社会和谐稳定提供重要保障。比如，案例1"唐某不服广东省某市卫生健康委员会投诉举报处理答复行政复议案"中，行政复议机关针对行政争议与民事争议交织的矛盾纠纷，通过听取意见、听证等程序，为当事人提供面对面陈述、举证、质证的机会，促进双方消除隔阂达成谅解，实现了定分止争的办案效果。

第三批贯彻实施新修订行政复议法典型案例

1. 唐某不服广东省某市卫生健康委员会投诉举报处理答复行政复议案

2. 某家庭农场不服山东省某市辖区人民政府行政补偿决定行政复议案

3. 某新能源公司不服浙江省某市生态环境局行政处罚行政复议案

4. 周某不服上海市某街道办事处变更最低生活保障待遇申请行政复议案

5. 某动力机械公司不服重庆市某生态环境保护综合行政执法队行政处罚行政复议案

6. 某工程公司不服天津市某区住房和建设委员会行政处罚行政复议案

案例 1

唐某不服广东省某市卫生健康委员会
投诉举报处理答复行政复议案

【关键词】

行政复议听证　医疗纠纷　追加第三人　委托鉴定　调解和解

【基本案情】

申请人唐某之子（以下简称患儿）在某医疗机构出生，后因患有"新生儿高胆红素血症"多次在该医疗机构就医，双方产生医疗纠纷。2022年12月16日，申请人向被申请人广东省某市卫生健康委员会投诉举报，反映某医疗机构涉嫌篡改病历，且对患儿的诊疗行为存在严重过错等。被申请人受理后，经调查作出对申请人投诉举报事项的答复函，认定暂无证据证明该医疗机构存在篡改患儿病历的行为。申请人对被申请人作出的答复函不服，认为被申请人认定事实不清，未充分履行投诉举报处理职责，向某市人民政府申请行政复议，请求撤销该答复函、重新进行调查，并申请行政复议机构委托鉴定机构对患儿病历的真实性进行鉴定。

【复议办理】

行政复议机构初步审查发现，本案申请人提交的投诉举报事项多，反映的医疗问题专业性强，且当事人之间对立情绪严重。行政复议机构及时保障申请人阅卷权，多次当面、电话听取申请人意见，查明申请人曾就医疗纠纷提起过民事诉讼，后因对病历真实性存疑未能完成医疗损害鉴定，导致民事争议解决停滞，其核心诉求是希望对患儿电子病历真实性进行鉴定，以推动相关民事争议尽快解决。行政复议机构通过听取意见找准了争议症结所在，为有效解决纠纷打下了基础。

行政复议机构进一步研究认为，本案行政争议源自申请人与医疗机构之间的民事纠纷，某医疗机构与案件处理结果有利害关系，遂依法追加医疗机构为第三人，通知其参加复议审理。考虑到当事人对案涉调查是否充分、处理结论是否正确存在较大分歧，为全面查清事实，行政复议机构组织听证，三方当事人围绕"是否应当对患儿电子病历真实性进行鉴定"这一焦点问题进行质证和辩论，申请人坚持要求由行政复议机构委托鉴定，被申请人和第三人虽同意鉴定，但就鉴定事项范围及鉴定机构选定等问题未能协商一致。在行政复议机构的协调下，最终三方当事人就鉴定事项达成一致意见，并积极配合鉴定取证工作。经鉴定，患儿电子病历数据确实存在增加、删除、修改等问题，该鉴定意见为后续开展医疗过错损害鉴定和民事争议查明事实等工作提供了主要依据。申请人的核心诉求得到满足，经调解自愿撤回行政复议申请，行政复议终止，案涉行政争议在行政复议阶段实现案结事了。

【典型意义】

新修订的行政复议法对行政复议审理程序进行了创新设置，明确普通程序案件均要听取当事人意见，重大疑难复杂案件应当组织听证。行政复议机构通过听取意见和听证进一步查清案件事实，全面把握案情，有利于提升行政复议办案质量；同时提高案件审理的透明度，为双方当事人提供面对面陈述理由、沟通意见的机会，有利于双方消除隔阂，达成谅解。第三人参加行政复议对促进行政复议有序进行、有效查清案件全部事实、促进双方和解等都具有重要作用。本案中，行政复议机构通过听取当事人意见、追加第三人、组织听证等机制和程序对案件争议焦点进行抽丝剥茧，找准关键症结，并通过委托鉴定解决了申请人的实质诉求,为相关民事争议的解决提供了重要依据,实现了定分止争的办案效果,对高质量办理普通程序案件、落实繁案精审工作具有积极示范作用。

案例1 专家点评

行政复议实质性解决争议的程序保障
——唐某不服广东省某市卫生健康委员会
投诉举报处理答复行政复议案

刘 飞*

新修订的行政复议法完善了行政复议审理程序,规定行政复议案件实行"繁简分流",其中,普通程序要求听取当事人意见,重大、疑难、复杂的案件应当组织听证等,目的是使行政复议机构在办理案件过程中充分了解当事人申请行政复议背后的实际利益诉求,利用调解、和解、监督行政机关依法行政等方式实质性化解行政争议。本案正是利用新修订的行政复议法规定的新制度解决当事人急难愁盼的典型案例。本案中,唐某的核心诉求是希望对患儿电子病历的真实性进行鉴定,以此推动医疗纠纷民事争议的解决。行政复议机构从实质性解决争议的角度出发,多次当面、电话听取申请人意见,及时组织听证,对"是否应当对患儿电子病历真实性进行鉴定"这一焦点问题组织质证和辩论,促使申请人、被申请人以及第三人在鉴定事项上达成一致,有力推动了

---

* 中国政法大学中欧法学院院长、教授。

行政争议的实质性化解。

听证制度是现代行政程序法的核心制度,行政复议机构应当正确适用新修订的行政复议法关于听证的相关规定,确保程序合法。但是,何谓"重大、疑难、复杂的行政复议案件",行政复议法并没有作出明确规定,这就要求行政复议人员根据司法部有关规范性文件的规定,结合案件具体情况予以判断。医疗纠纷类行政复议案件专业性强、诊疗后果对申请人的权利义务产生影响较大,有的案件还需要引入鉴定程序对电子病历的建立、记录、修改、使用、保存和管理等方面开展司法鉴定。因此,本案有必要通过组织听证,由当事人就案件事实、证据和行政行为作出程序等进行举证质证和陈述意见,以便更准确地查明案件事实,实现案结事了。需要注意的是,新修订的行政复议法第五十一条第三款规定:"被申请人的负责人应当参加听证。不能参加的,应当说明理由并委托相应的工作人员参加听证。"该款与行政诉讼中的行政机关负责人出庭应诉制度相似。行政机关负责人参加听证,当面向申请人做好说明解释工作,发现行政执法存在问题的予以整改,能够更有效地回应、解决申请人的实际利益诉求,将行政争议解决在行政复议程序中。有关行政机关应当严格遵守该规定,支持行政复议成为化解行政争议的主渠道。

案例 2

某家庭农场不服山东省某市辖区人民政府行政补偿决定行政复议案

【关键词】

行政复议撤销　野生动物保护　行政补偿　认定事实不清

【基本案情】

申请人某家庭农场就"野鸭啃食莲藕及莲藕种苗损失 10 万元"申请国家赔偿。山东省某市辖区自然资源局决定不予受理。申请人提起诉讼。2023 年 8 月 20 日,山东省高级人民法院作出判决,对申请人种植的莲藕于每年食物匮乏期被绿头鸭侵食造成损害的事实予以确认,判令被申请人山东省某市辖区人民政府对申请人作出行政补偿决定。2023 年 11 月 20 日,被申请人作出《关于对某家庭农场作出国家补偿的决定书》,决定对申请人依法予以补偿,补偿金额为 3 万元。申请人不服,向某市人民政府申请行政复议,要求重新予以补偿赔偿。

【复议办理】

行政复议机构审查认为,《中华人民共和国野生动物保护法》(2018 年修正)规定,因保护本法规定保护的野生动物,造成人员伤亡、农作物或者其他财产损失的,由当地人民政府给予补偿。本案中,人民法院生效判决已对申请人种植的莲藕于每年食物匮乏期被绿头鸭侵食造成损害的事实予以确认,而绿头鸭作为《国家保护的有益的或者有重要经济、科学研究价值的陆生野生动物名录》收录动物,因保护绿头鸭造成的财产损失应由当地人民政府给予行政补偿。申请人提交的案涉国家赔偿申请实为行政补偿申请,行政复议机构向申请人作出释明,申请人表示接受。

行政复议机构力求通过协商化解争议,但因双方就补偿金额争议较大而未能成功调解。行政复议机构经审查认为,被申请人作为当地人民政府,对区域内因保护国家和地方重点保护野生动物而受到的损失依法承担补偿职责,应就绿头鸭对申请人的农作物或其他财产损失进行全面调查核实,即便无法完全还原当时情况,亦应基于实际栽种亩数、莲藕产量、绿头鸭活跃时长、莲藕市场价格等事实对损失情形加以综合判断后作出相应补偿决定。但被申请人虽在补偿决定中载明"综合某家庭农场种植情况、财产损害程度、藕池管理责任及相关证明材料等，作出以下补偿决定……"字样，但未能提供证实其进行全面调查核实的相关证据材料。被申请人未经充分调查核实，径行作出补偿金额3万元的决定，认定事实不清，证据不足。行政复议机关决定撤销被申请人作出的《关于对某家庭农场作出国家补偿的决定书》，并责令被申请人重新作出补偿决定。被申请人安排召开听证调查会，邀请相关专家对莲藕种植情况、损害程度、管理责任等进行全面调查核实后重新作出补偿决定。对此，申请人表示认可并积极配合做好后续工作。

【典型意义】

　　国家赔偿是国家机关及其工作人员在行使职权的过程中侵犯公民、法人或者其他组织的合法权益并造成损害，由国家承担赔偿责任的制度。新修订的行政复议法将国家赔偿中的行政赔偿列入行政复议范围，行政复议机关应认真审查，依法予以受理审理。同时，行政补偿也涉及合法权益保护，相关争议应当纳入行政复议范围。本案中，行政复议机构经审查认为申请人提出的国家赔偿申请实质为行政补偿申请，定性准确。近年来，各地野生动植物保护工作成效显著，野生动物"肇事"事件时有发生，如何对野生动物造成的损害进行及时认定、准确评估和合理补偿成为一项必须面对的课题。本案中，因被申请人未对野生动物造成的财产损害、责任划分等进行全面调查核实，行政复议机关以案涉行政补偿决定认定事实不清、证据不足为由，依法决定予以撤销并责令被申请人重新作出补偿决定，通过行政复议程序监督当地政府及时、合理履行野生动物保护行政补偿职责，为同类争议的解决提供了经验借鉴。

案例 2　专家点评

行政复议机关对履职型行政补偿决定的受理与审查
——某家庭农场不服山东省某市辖区人民政府行政补偿决定行政复议案

刘　飞[*]

　　行政复议机关对行政补偿决定案件的审查，应当坚持全面审查原则，既应对补偿决定的合法性进行审查，亦应对补偿决定的适当性进行审查。如果行政复议机关在审查过程中发现行政补偿决定存在违法或不当，例如，补偿方式、项目、数额的确定不符合法律规定，或者不予补偿决定没有法律依据，其可以依法作出变更、撤销或者确认违法的决定，并可以责令被申请人在一定期限内重新作出补偿决定。

　　本案中当事人提出的国家赔偿申请实为行政补偿申请。基于野生动物造成损害而产生的行政补偿法律关系中，当事人是否有权对行政机关的行政补偿决定提起行政复议呢？从新修订的行政复议法第十一条关于行政复议范围的规定看，看似是适用第五项，对行政机关作出的补偿决定不服可以申请行政复议，但是这一项的完整表述是"对行政机关作出的征收征用决定及其补偿决定不服"，此种行政补偿决定限定在行政机关作出的征收征用补偿决定这一特定法律关系。具体到本案中，政府对野生动物造成损害的补偿决定显然不属于征收征用补偿决定。但从实质上看，政府作出该补偿决定是在履行法律赋予相应的管理职能。《中

---

[*] 中国政法大学中欧法学院院长、教授。

华人民共和国野生动物保护法》（2018年修正）第十九条规定："因保护本法规定保护的野生动物，造成人员伤亡、农作物或者其他财产损失的，由当地人民政府给予补偿……"该规定明确行政机关应当履行保护相对人财产权利的法定职责。新修订的行政复议法第十一条第十一项规定，公民、法人或者其他组织申请行政机关履行保护人身权利、财产权利、受教育权利等合法权益的法定职责，行政机关拒绝履行、未依法履行或者不予答复的，可以申请行政复议。本案中，申请人认为当地政府对其所受损失未足额补偿，可以依法申请行政复议。

另外，对于野生动物造成损害的认定和评估，如何划分政府应当承担的补偿责任份额也值得关注。除了《中华人民共和国野生动物保护法》等国家层面的法律法规，有些省份结合本地实际也制定了适用于本省的野生动物损害补偿管理办法。例如，海南省规定"造成农作物、经济林木或者其他栽培植物损失的，按照核实的损失量和致害行为发生地市、县（区）、自治县上年度市场平均价格计算得出的损失总金额的60%给予补偿。损失量的计算方法参照《陆生野生动物致害补偿规范》进行计算"。本案中，先行的行政诉讼中已有生效裁判对申请人的莲藕被绿头鸭侵食的事实予以认可，同时判定被申请人山东省某市辖区人民政府对申请人作出行政补偿决定。在上述前提下，被申请人的补偿责任已经相对明确，但具体如何补偿的问题尚未解决。行政复议机关对上述补偿决定作出的过程进行了全面审查，认定被申请人未提供作出补偿决定的全部事实证据，亦未充分说明3万元行政补偿决定的全部支撑依据，故撤销了其作出的行政补偿决定并责令其重新作出，有效监督了行政机关依法作出行政补偿。

案例 3

某新能源公司不服浙江省某市
生态环境局行政处罚行政复议案

【关键词】

行政复议调解书　　生态环境保护　　行政处罚　　过罚不当　　变更

【基本案情】

2023 年 6 月 24 日至 7 月 3 日，申请人某新能源公司在厂区露天堆放塑料吨桶，因未及时检查到吨桶上盖未完全密封叠加连日降雨，造成桶内废乳化液跑冒滴漏至地面，少量废乳化液混合雨水通过厂区雨水井排放口流入河道，导致厂区西南侧河面存有部分油污。事发后，申请人迅速采取应急措施，将河面油污全部清理完毕，主动减轻了环境危害后果。之后，某市环保科技服务中心出具《快速鉴定评估意见书》，认定生态环境损害总计为 17294.6 元，其中生态环境损害价值量为 14288 元、应急处置费用 3006.6 元（申请人在应急处置时已自行支付）。被申请人浙江省某市生态环境局在收到案件线索后依法立案调查，认为其泄漏的油污污染已经影响河面水质，违反了《中华人民共和国固体废物污染环境防治法》第一百一十二条第一款第十项"未采取相应防范措施，造成危险废物扬散、流失、渗漏或者其他环境污染的"规定，对申请人处以罚款 60 万元。申请人不服该行政处罚决定，向某市人民政府申请行政复议。

【复议办理】

行政复议机构审查认为，本案争议焦点在于对案涉固体废物污染环境违法情形的认定以及相关处罚依据的适用是否准确。《中华人民共和国固体废物污染环境防治法》第一百一十二条第一款第六项、第十项分别规定了两种违法情形，即"未按照国家环境保护标准贮存、利用、处置危险废物或者将危险废物混入非危险废物中贮存"和"未采取相应防范措施，造成危险废物扬散、流失、渗漏或者其他环境污染"。前者"处十万元以上一百万元以下的罚款"，后者"处所需处置费用三倍以上五倍以下的罚款，所需处置费用不足二十万元的，按二十万元计算"。本案中，申请人对废乳化液使用坚固密闭式塑料吨桶贮存后集中定点堆放，并用大片聚氨酯板材遮盖，堆放处地面已硬化，定期由具备合法资质的第三方依法处置，可以认为申请人已采取了一定的防扬散、防雨防风防晒、防渗漏的措施。申请人因疏忽造成个别塑料吨桶未完全密封叠加恶劣天气因素，导致少量废乳化液混合雨水流入河道，其违法行为更符合"未按照国家环境保护标准贮存、利用、处置危险废物"的情形，但被申请人认定申请人违法行为属于"未采取相应防范措施，造成危险废物扬散、流失、渗漏或者其他环境污染"的情形，对申请人给予处置费用（"所需处置费用不足二十万元的，按二十万元计算"）三倍的罚款60万元。该处罚结果不仅在认定违法行为的性质上不准确，而且与污染事件发现后申请人迅速采取应急措施、减轻环境危害后果等情节不相匹配，有违过罚相当原则。行政复议机构在审理案件过程中，多次组织双方当事人调解，最终双方当事人达成协议。行政复议机关制作行政复议调解书，将处罚金额由60万元变更为20万元。申请人主动提出，向被申请人的生态环境损害赔偿金专户支付生态环境损害赔偿金和捐赠款共10万元，专项用于生态修复。

【典型意义】

行政复议机关在合法、自愿前提下，可以对各类行政争议开展调解，实现定分止争。新修订的行政复议法强化了调解在行政复议办案过程中的运用，规定行政复议调解书具有与行政复议决定书相同的法律效力，当事人不履行的应当承担相应的法律责任。本案中，行政复议机关准确把握新修订的行政复议法的立法精神，在厘清案件事实和法律适用的基础上，组织双方当事人就案涉争议磋商协调、释法明理，最终达成调解协议并制作行政复议调解书，对处罚金额作出调整变更，既保障了申请人企业的合法权益，助力优化法治化营商环境，又解决了行政处罚过罚不当的问题，取得了解决纠纷、修复生态环境、优化法治化营商环境一举三得的效果。

案例3 专家点评

以查明行政行为合法性为基础开展行政复议调解与对话
——某新能源公司不服浙江省某市生态环境局行政处罚行政复议案

宋华琳[*]

新修订的行政复议法以打造化解行政争议的主渠道为目标，创设了一系列新制度来保障目标的实现，而行政复议调解就是其中之一。行政复议调解是指在行政复议机关的主持下，申请人和被申请人就争议的实体权利和义务自愿协商、达成协议，解决纠纷的活动。新修订的行政复议法在总则第五条规定，行政复议机关办理行政复议案件，可以进行调解。调解应当遵循合法、自愿的原则，不得损害国家利益、社会公共利

---

[*] 南开大学法学院院长、教授。

益和他人合法权益，不得违反法律、法规的强制性规定。该条规定将《中华人民共和国行政复议法实施条例》第五十条规定的有限调解扩展为全面调解，并将其上升为行政复议的基本原则。也就是说，各类行政争议原则上都可以进行调解，只是调解内容和调解过程受合法原则和自愿原则的限制。在本案中，行政复议机构在发现违法行为定性错误，且被申请人事实认定不全面的情况下，及时组织双方当事人进行调解并达成调解协议，依法高效化解行政争议，最终取得了社会效果和法律效果的统一，具有一定的示范意义。

其一，行政复议调解需要在查明行政行为合法性的基础上进行。行政复议调解是终结行政复议程序的一种方式，与行政复议决定一样，需要确保行政复议法立法目的的实现，即防止和纠正不当的行政行为，监督行政机关依法行使职权。因此，行政复议机关依然应当对行政行为的合法性进行审查，在对行政行为合法性形成结论的基础上再进行调解，如此，既能为调解奠定基础，也使得行政复议机关在调解终结之后，可依照相关规定对作出原行政行为的机关或人员进行监督。在本案中，申请人已经采取了一定的防扬散、防雨防风防晒以及防渗漏措施，只是因为疏忽未完全封闭塑料吨桶，叠加恶劣天气才造成危险废物流入河道。因此，申请人并非未采取防范措施，只是未按照国家环境保护标准贮存危险废物。违法情形不同，相对人的主观过错也有不同，而这可能显著影响相对人的违法责任。行政复议机构在厘清案件事实后，认为被申请人适用法律依据错误。这为促进双方当事人达成调解协议，降低罚款数额提供了法律依据，但也并非不予处罚，而是依据正确的法律依据，重新确定罚款数额。

其二，行政复议调解可以促进行政争议双方的对话与沟通。调解在行政机关与相对人之间搭建了一条直接沟通的桥梁，使得相对人的意见与诉求能够及时、通畅地反馈到行政机关，有助于行政复议机构找准矛盾症结，提高行政复议的针对性与实效性。2024年司法部印发《关于进一步加强行政复议调解工作推动行政争议实质性化解的指导意见》，提出行政复议案件要应调尽调，在案件办理全流程、各环节有针对性地加强调解工作，积极引导和促进当事人通过调解方式达成共识，及时化解行政纠纷。当然，要真正落实行政复议高效为民原则，就应当考虑相对人是否存在从轻或者减轻行政处罚的情节。在本案中，行政复议机构全面审查案件事实，认为申请人在污染事件发生后迅速采取应急措施，并减轻了环境危害后果，此时如果罚款数额过高，将有违《中华人民共和国行政处罚法》第五条规定的过罚相当原则。在双方当事人达成调解协议后，申请人主动提出为生态修复捐款，这可谓是通过行政复议调解化解纠纷、增进互信、促进合作的生动范例。

案例 4

周某不服上海市某街道办事处变更最低生活保障待遇申请行政复议案

【关键词】

行政复议案前和解　最低生活保障　法律援助

【基本案情】

2016年，周某和前夫离婚后独自抚养女儿，周某没有固定工作和收入。2017年周某开始申领最低生活保障待遇，每月领取低保金3020元。2023年9月，上海市某街道办事处在复审中发现，在离婚诉讼中法院判决周某前夫每月支付其女儿1300元抚养费，故低保金要扣减至每月1720元并告知周某。周某认为,其前夫多年来一直拒付抚养费,调整后的低保金对其生活带来极大影响,就此事与某街道办事处协商希望能恢复领取原来的低保金。周某还于当月就其前夫支付抚养费一案向法院申请强制执行,之后法院出具裁定书,因周某前夫无财产可供执行而终结执行。周某于2023年12月向某街道办事处提交执行裁定书,认为没有实际获取抚养费,申请按照原来标准发放低保金未果,并于2024年1月3日向区法律援助中心寻求帮助。法律援助中心与周某确认其诉求后,引导其向行政复议基层服务点递交行政复议申请,并根据新修订的行政复议法第十八条的规定为周某提供法律援助。

【复议办理】

行政复议机构将新修订的行政复议法的相关规定向周某作了释明。经沟通,发现周某的实际诉求是希望能恢复原来的低保金,行政复议机构决定先行介入,与法律援助中心指派的援助律师共同开展案前协调化解工作。

行政复议机构认为本案争议焦点主要集中在街道办事处对周某低保金复核认定的事实是否清楚。经查,根据《上海市民政局关于〈上海市社会救助条例〉实施中若干问题的意见》的规定,非共同生活的家庭成员应承担的抚养费应当计入申请救助家庭总收入。某街道办事处认为应当将法院判决周某前夫每月支付的1300元抚养费从周某申领的低保金中予以扣除,且之后周某提供的执行裁定书仍无法作为其前夫永久性无能力支付抚养费的证明,故未同意恢复原来的低保金。行政复议机构认为,离婚判决虽已判决周某前夫应当支付抚养费,但通过法院强制执行已证明周某客观上无法实现其实际利益。行政复议机构对案情和社会救助的相关政策又作了仔细研究,与某街道办事处协商研究问题解决方案。行政复议机构指导法律援助律师帮助周某取得相关证明材料,例如前夫无工作收入证明、前夫因不支付抚养费而被法院列入失信人员名单材料等；指导周某向某街道办事处承诺，其前夫如果有履行支付抚养费的能力，周某应当及时告知某街道办事处，并退还多领取的低保金款项；指导周某补充完善材料后重新向某街道办事处提交复核申请。某街道办事处重新审核后恢复了周某原来的低保金。

【典型意义】

本案是上海市首例行政复议申请法律援助案件，行政复议机构积极履职，提前介入并与法律援助律师共同努力，实现了行政争议的案前化解，对促进行政复议与法律援助工作融合及提升行政复议工作质效都有积极意义。行政复议机构一方面积极探索"行政复议+法律援助"联动工作机制，切实发挥行政复议和法律援助的制度优势，由行政复议人员和法律援助律师对有法律援助需求的申请人作出正确引导，围绕实质争议焦点帮助申请人依法寻求救济；另一方面积极搭建沟通平台，引导某街道办事处在涉及困难群众权益的低保金变更事项办理中，充分考虑行政相对人的实际情况，避免机械适用相关规定，为化解行政争议提出切实可行的解决方案。本案在申请人提起行政复议申请阶段即达成和解，切实解决群众急难愁盼问题，是复议为民理念的充分体现。

案例 4　专家点评

落实行政复议中的法律援助　合理认定行政给付数额
——周某不服上海市某街道办事处变更
最低生活保障待遇申请行政复议案

宋华琳[*]

新修订的行政复议法引入了法律援助制度，第十八条规定，符合法律援助条件的行政复议申请人申请法律援助的，法律援助机构应当依法为其提供法律援助。这对充分发挥行政复议的制度效能，打造化解行政争议的主渠道具有重要意义：其一，法律援助服务可以减轻行政复议申请人的经济负担，保障经济困难公民的合法权益，彰显了行政复议便民、为民的原则。其二，一些经济困难的行政复议申请人缺乏必要的法律专业知识和技能，通过法律援助服务，申请人可以更准确、充分地表达意见、主张权利。其三，法律援助服务提升了行政复议的便捷性、公正性，有助于化解当事人不愿、不会、不敢复议的问题。本案中，行政复议机构积极探索"行政复议+法律援助"的新模式，充分发挥了行政复议便民为民的制度优势。行政复议实践中，可以从以下两个方面探索和落实法律援助制度：一是提供多种形式的法律援助服务，覆盖行政复议全过程。在当事人提起行政复议申请、行政复议机关调解和审理等各个环节，法律援助机构都可以组织法律援助人员依法提供如行政复议咨询、代拟行政复议法律文书、参与行政复议案件调解、参加行政复议案

---

[*] 南开大学法学院院长、教授。

件听证等服务。二是建立行政复议案件当事人申请法律援助衔接引导制度，明确行政复议机关在受理行政复议申请时，可以主动告知符合法律援助条件的申请人有申请行政复议法律援助的权利。行政复议机关在进行调解、审理等活动时，可以主动为符合条件的案件当事人提供法律援助申请引导服务，主动加强与法律援助律师的沟通和合作，推动案件妥善化解。

本案一个焦点问题是合理认定行政给付的数额。在涉及抚恤金、社会保险待遇以及最低生活保障等行政给付案件中，准确合理地作出数额认定至为关键。行政机关应当依据相关法律规范，结合案件具体情况进行人性化的个案考量，重视个别公民的差异和每个公民的特殊需求。在行政复议程序上，行政复议机关应当发挥合法性审查和合理性审查的制度优势，针对削减给付数额或者终止给付的行为，审查行政机关是否对给付数额作出了准确的事实认定，是否结合个案实际情形进行了合理裁量。本案中，对于应当发放的低保金数额这一核心争议，行政复议机构考虑了周某客观上无法从其前夫处实现其实际利益这一情况，与某街道办事处协商恢复了周某原来的低保金，避免机械适用相关规定；同时，行政复议机构考量相关规则的要求，指导周某向某街道办事处承诺，在其前夫履行支付抚养费义务之后退还多领取的低保金款项，从而在规则与裁量之间达成适当的平衡，在法律效果和社会效果间达致有机统一。

案例 5

某动力机械公司不服重庆市某生态环境保护综合行政执法队行政处罚行政复议案

【关键词】

行政复议意见书　生态环境保护　行政处罚裁量基准　执法共性问题　撤回行政复议申请

【基本案情】

2022年12月1日，非道路移动机械用柴油机产品开始实施国四排放标准后，申请人某动力机械公司仍按国三标准生产了某型号柴油发电机组431台，其中249台销售至乙公司（与申请人系关联公司，为同一实际控制人），双方口头约定将该批货物暂存申请人仓库，待乙公司销售后再支付货款，随后申请人开具发票并缴纳了税款。被申请人重庆市某生态环境保护综合行政执法队在日常检查时发现，经委托鉴定，认定该批次库存的431台产品均不符合《非道路移动机械用柴油机排气污染物排放限值及测量方法（中国第三、四阶段）》（GB 20891—2014）规定的排放标准，被申请人作出没收249台产品销售违法所得142万元，处431台产品货值金额一倍罚款247万元。申请人不服该行政处罚决定，向市人民政府申请行政复议。

【复议办理】

行政复议机关在案件审理中发现，案涉行政处罚存在事实定性不准、处罚裁量不当的问题，遂向被申请人释明，被申请人同意对原行政行为进行修正并允许申请人分期缴纳罚款，双方达成和解，申请人撤回行政复议申请。行政复议机关落实监督职能，向被申请人制发行政复议意见书，指出：一是案涉行政行为仅凭销售发票即认定产生违法所得147万元（实系应收账款，因货物被查交易取消尚未产生违法所得），并予以没收，属事实定性不准；二是并无证据证明行政相对人违法行为造成了生态环境危害后果，依法应当减轻处罚。故要求被申请人围绕事实和裁量因素进行调查、固定证据，避免出现推定事实的情形；认真审查相对人的申诉，发现有错误的主动改正。要求被申请人自收到行政复议意见书之日起六十日内将意见书落实情况报送行政复议机关。

同时，行政复议机关针对近年来全市生态环境行政复议案件纠错率逐年上升态势，对受理的200多件案件进行梳理，向市生态环境局指出存在的执法共性问题。关于部分裁量基准不适应执法实际问题，指出裁量基准制定不严谨，部分违法行为裁量遗漏了"违法后果、持续时间"等重要因素；裁量基准考量不全面，"社会影响"裁量仅考虑了违法主体身份，未考虑违法行为本身社会影响力；裁量计算标准偏重，应与当地经济发展水平相当；裁量基准调整偏慢，配套《中华人民共和国行政处罚法》的《生态环境行政处罚办法》新增了裁量情节，地方规范行政处罚裁量权的相关规定超一年仍未调整等问题。对此，提出准确制定裁量基准并定期进行评估和调整的完善制度建议。同时指出，执法行为中存在未认定违法情节及危害后果即作出处罚决定，听取陈述申辩意见后未进行复核，未经法制审核即作出涉及重大公共利益的行政处罚决定，单人执法等问题，建议从严格遵循处罚原则、保障程序正当、加强法律适用指导等方面予以改进。

【典型意义】

新修订的行政复议法进一步强化行政复议监督行政行为的功能，规定了行政复议意见书制度。依照法律规定，行政复议机关通过制发行政复议意见书，既可以纠正与案件相关的违法或不当行政行为，又可以纠正行政复议案件中反映出的执法共性问题，且行政复议意见书与行政复议决定书具有同等法律效力，行政机关不履行的应当承担法律责任。本案中，行政复议机关在企业撤回行政复议申请的情况下，依法积极履行监督行政行为职责，通过行政复议意见书纠正不当行政行为，同时对行政复议办案中发现的共性问题提出完善裁量基准和改进执法的建议，强化了行政复议监督的"后半篇文章"，实现"办理一案、规范一片、治理一行"的效果，对于从源头上预防和解决行政争议、促进依法行政具有重要实践意义。

案例 5　专家点评

积极制发行政复议意见书 全面实现监督依法行政功能
——某动力机械公司不服重庆市某生态环境保护综合行政执法队行政处罚行政复议案

张旭勇[*]

新修订的行政复议法第一条规定了行政复议的立法目的，即通过纠正违法或者不当行政行为，实现保护相对人权益、监督行政机关依法行政和化解行政争议的功能。行政复议意见书制度就是实现行政复议功能的一项重要制度设计，赋予了行政复议机关更加灵活的法律手段，通过制发行政复议意见书，既可以纠正与案件相关的其他违法行政行为，实

---

[*] 浙江财经大学法学院教授。

现穿透式监督，也可以纠正行政复议案件中反映出的执法共性问题，从源头上促进依法行政。

新修订的行政复议法第七十六条规定："行政复议机关在办理行政复议案件过程中，发现被申请人或者其他下级行政机关的有关行政行为违法或者不当的，可以向其制发行政复议意见书。有关机关应当自收到行政复议意见书之日起六十日内，将纠正相关违法或者不当行政行为的情况报送行政复议机关。"由此可见，行政复议意见书制度一般用于纠正与被申请复议的行政行为有关的其他违法或不当行政行为，与直接纠正被申请复议的行政行为的行政复议决定书共同构成完整的监督体系，体现了行政复议对行政活动的充分监督。行政复议意见书可以与行政复议决定书一并使用，也可以独立使用。在以调解方式结案时，行政复议机关也可以制发行政复议意见书，监督和纠正在行政复议中已经发现的违法或不当行政行为。

在本案中，由于行政复议期间被申请人与申请人达成和解协议，申请人主动撤回行政复议申请。依据新修订的行政复议法第七十四条的规定，在和解内容不损害国家利益、社会公共利益和他人合法权益，不违反法律、法规的强制性规定的情况下，行政复议机关依法终止行政复议。至此，相对人的合法权益已经得到保护，行政争议也获得实质性化解。然而，行政复议机关在办理行政复议案件过程中发现一些执法共性问题，比如，对违法所得定性不准、行政裁量考量不全面、法制审核程序缺失等，未能从源头上给予解决和作出防范，行政复议监督行政机关依法行政的功能未能充分全面实现。基于这一考虑，行政复议机关灵活运用行政复议意见书制度，在双方当事人和解而不作出行政复议决定书时，准确制发行政复议意见书，全面纠正在行政复议过程中已经发现的违法或不当行政行为，以及行政复议案件所反映出的执法共性问题，有力促进了相关领域执法水平的提升。

案例 6

某工程公司不服天津市某区住房和建设委员会行政处罚行政复议案

【关键词】

行政复议终止　工程竣工验收　行政处罚停止执行　风险提示　自行纠错

【基本案情】

2022 年 8 月 17 日，被申请人天津市某区住房和建设委员会接到举报称，申请人某工程公司开发的污泥无害化治理及资源化利用示范基地项目未组织竣工验收即擅自交付使用，违反《建设工程质量管理条例》第十六条第三款"建设工程经验收合格的，方可交付使用"的规定。被申请人调查发现，申请人存在未组织竣工验收即先使用部分厂房进行设备调试的情况，经依法立案、行政处罚前告知、组织听证等程序，对申请人作出罚款 133.75 万元的行政处罚决定。申请人认为设备调试不等同于交付使用，遂向区人民政府申请行政复议。

【复议办理】

行政复议机构认为双方当事人主要争议焦点在于案涉行为是否属于《建设工程质量管理条例》第五十八条第一项规定"未组织竣工验收，擅自交付使用"的情形。行政复议机构查明，《房屋建筑和市政基础设施工程竣工验收规定》第六条规定"工程竣工验收应当按以下程序进行：（一）工程完工后，施工单位向建设单位提交工程竣工报告，申请工程竣工验收……"。申请人主动提交《监测鉴定报告书》，鉴定结论为：满足原设计及验收规范要求。案涉工程施工单位因与申请人存在经济纠纷，在满足验收规范的前提下，拒绝配合申请人组织竣工验收，导致申请人无法组织竣工验收。该项目系污泥无害化处理项目，旨在解决辖区各水厂污泥处置困难问题，关系民生保障，相关部门均要求申请人尽快投产使用。申请人遂先对设备进行调试，被申请人认为该调试行为系交付使用而作出行政处罚决定。

行政复议期间，申请人提交了暂停行政处罚申请，行政复议机构认为如果继续执行行政处罚将直接导致申请人保障区域内的污泥无害化治理工作中断停滞，依据新修订的行政复议法第四十二条规定，申请人申请停止执行的要求合理，遂报请行政复议机关决定停止执行。为全面查清案件，行政复议机构组织住建、水务、财政等相关部门与申请人进行沟通，充分听取各方意见，咨询专家、学者、律师意见，认为申请人在工程未竣工验收情况下予以使用，构成违法行为，但案涉工程项目已达到验收标准，申请人行为系先行调试相关设备，且接到行政处罚决定后，申请人立即停止了安装调试行为，积极配合整改，符合《中华人民共和国行政处罚法》关于"违法行为轻微并及时改正，没有造成危害后果的，不予行政处罚"的规定。行政复议机构遂向被申请人发函进行案件风险提示，建议被申请人进一步查清案件事实并主动化解行政争议。在行政复议机构协调推动下，被申请人自行撤销行政处罚决定，避免了申请人因受处罚影响征信无法开展特许项目经营而遭受年经济损失 3700 万余元。申请人对此处理结果表示满意，主动撤回行政复议申请，行政复议终止。

【典型意义】

新修订的行政复议法规定，行政复议期间行政行为不停止执行。但为避免继续执行行政行为可能造成的损害，最大限度保护申请人的合法权益，新修订的行政复议法规定了应当停止执行行政行为的四种情形。本案中，行政复议机构充分调查了申请人的主观过错、社会危害程度，综合研判民生保障可持续性，以及继续执行可能造成的后果等因素，充分考虑申请人提出的停止执行申请中关于监测鉴定结论、立项沿革情况等主张，正确适用停止执行机制，行政机关在行政复议期间停止执行行政处罚；并在准确定性案件事实和适用法律基础上，成功促使双方当事人达成和解，实现了争议的实质化解。本案的妥善解决，避免了企业经济损失数千万元，维护了企业合法权益，为企业健康平稳发展和民生工程顺利推进提供了有力法治保障，充分彰显了行政复议促进规范公正文明执法、优化营商环境的积极作用。

案例6　专家点评

准确适用行政行为停止执行制度　充分保护相对人合法权益

——某工程公司不服天津市某区住房和
建设委员会行政处罚行政复议案

张旭勇[*]

行政行为具有公定力、拘束力、执行力等法律效力，已经作出的行政行为在被行政复议机关或法院等有权机关撤销或确认无效之前，公民、法人或其他组织都应当予以尊重或执行。这是行政机关行使行政职权，全面维护社会公共秩序和充分保护他人合法权益的客观需要。正因

---

[*] 浙江财经大学法学院教授。

为如此，不管是行政复议法还是行政诉讼法，都明文规定了复议或诉讼不停止执行原则。但是，为避免不停止执行可能导致相对人的合法权益无法获得充分救济，给相对人造成难以弥补的损失，行政复议法和行政诉讼法都规定了应当停止执行的例外情形。

新修订的行政复议法第四十二条规定："行政复议期间行政行为不停止执行；但是有下列情形之一的，应当停止执行：（一）被申请人认为需要停止执行；（二）行政复议机关认为需要停止执行；（三）申请人、第三人申请停止执行，行政复议机关认为其要求合理，决定停止执行；（四）法律、法规、规章规定停止执行的其他情形。"新修订的行政复议法第四十二条规定的适用情形，赋予了行政复议机关一定的判断权。这就意味着，行政复议机关应当更为积极主动考虑各种事实和法律因素，判断是否停止执行行政行为。当然，停止执行应当遵循一个底线，即不能损害社会公共利益。

本案中，案涉项目是申请人开发的污泥无害化治理及资源化利用的特许经营项目，事关辖区内水厂污泥处理，关系民生保障，如果不停止执行行政处罚，辖区污泥无害化处理工作会受影响。同时，该行政处罚停止执行并不会损害社会公共利益。所以，本案中行政复议机关决定停止执行行政处罚是正确的。应当注意的是，行政复议机关在审查申请人的停止执行申请时，应积极调查核实案件事实，充分考量申请人的主观过错、违法行为的危害程度等因素，即把被申请复议的行政处罚的合法性、合理性与行政处罚是否停止执行联系起来考虑。对符合前述条件情形的，停止执行原行政行为，既有利于对相对人的合法权益给予充分救济，又有利于更好推进行政争议的实质性化解。

新类型疑难案例选评

被执行人某网络公司执行复议案

——执行程序中股权回购之以物抵债的审查认定

白雪梅[*]

【裁判要旨】

2018年修正的公司法第一百四十二条第一款规定:"公司不得收购本公司股份。但是,有下列情形之一的除外:(一)减少公司注册资本;(二)与持有本公司股份的其他公司合并;(三)将股份用于员工持股计划或者股权激励;(四)股东因对股东大会作出的公司合并、分立决议持异议,要求公司收购其股份;(五)将股份用于转换上市公司发行的可转换为股票的公司债券;(六)上市公司为维护公司价值及股东权益所必需。"第二款规定:"公司因前款第(一)项、第(二)项规定的情形收购本公司股份的,应当经股东大会决议;公司因前款第(三)项、第(五)项、第(六)项规定的情形收购本公司股份的,可以依照公司章程的规定或者股东大会的授权,经三分之二以上董事出席的董事会会议决议。"上述条文虽规定在股份有限公司章节下,但也可

---

[*] 作者单位:北京市房山区人民法院执行局。

适用于有限责任公司。申请执行人既未举证证明其符合公司法关于股份回购的除外情形，又未先行减资，执行实施部门径直作出以物抵债裁定的，违反公司法相关规定，应予撤销。

【案件索引】

执行异议：北京市房山区人民法院（2023）京 0111 执异 1220 号（2023 年 9 月 13 日）

执行复议：北京市第二中级人民法院（2023）京 02 执复 369 号（2023 年 12 月 22 日）

【基本案情】

复议申请人（被执行人）：某网络公司。

申请执行人：某数字公司。

关于某数字公司与某网络公司、永某公司借款合同纠纷一案，北京市房山区人民法院（以下简称房山法院）经审理依法作出（2021）京 0111 民初 2835 号民事判决书，某数字公司及永某公司对判决不服，提起上诉，二审法院依法作出（2022）京 02 民终 1854 号民事判决书。上述文书生效后，某数字公司于 2022 年 6 月 15 日向该院申请执行，执行案号为（2022）京 0111 执 4043 号。执行中，该院依法向被执行人发出执行通知书，责令被执行人履行生效法律文书确定的义务。但被执行人未履行给付义务，该院将某网络公司持有的某数字公司 18% 的股权（以下简称案涉股权）在京东网司法拍卖平台予以拍卖，在拍卖中，案涉股权一拍以保留价 4733.43745 万元流拍，二拍以保留价 3786.75 万元再次流拍。

之后，经申请执行人同意将案涉股权以 3786.75 万元交其抵债，依照《最高人民法院关于人民法院民事执行中拍卖、变卖财产的规定》第二十六条、《最高人民法院关于适用〈中华人民共和国民事诉讼法〉

的解释》（以下简称《民事诉讼法解释》）第四百九十一条的规定，执行法院作出（2022）京0111执4043号执行裁定书：（1）将某网络公司持有的某数字公司18%的股权作价3786.75万元，交付某数字公司抵偿相应的3786.75万元债务。某网络公司持有的某数字公司18%的股权所有权自本裁定送达申请执行人某数字公司时起转移；（2）某数字公司可持本裁定书到有关机构办理相关产权过户登记手续。

为此，某网络公司提出书面执行异议，请求撤销（2022）京0111执4043号以物抵债执行裁定（以下简称以物抵债执行裁定）。

一审法院认为，执行法院作出以物抵债执行裁定符合法律规定，故驳回了某网络公司的异议请求。某网络公司不服，遂提起执行复议，要求撤销一审异议裁定、撤销以物抵债执行裁定。

在执行复议中，二审法院另查明，2023年6月29日，执行实施法官与某数字公司代理人进行谈话。执行实施法官称，"经向北京市房山区市场监督管理局送达以物抵债执行裁定书及协助执行通知书，前述机构答复称无法办理，执行人员已多次电话向你方告知"。某数字公司代理人称，"我方自行咨询过市场监督管理局，需要持以物抵债裁定、公司作出的相关决议方可办理相关手续，故申请人坚持以物抵债，希望法院出具以物抵债裁定书。申请人认为，公司接受股东以公司债权抵债未违反法律、行政法规的强制性规定，是当前申请人实现自身债权的方式，申请人亦向法院提交了（2020）渝04执459号执行裁定书，该案案情与本案相似，亦是公司接受股东以公司债权抵债"。执行法院称，"在你方明知北京市房山区市场监督管理局无法办理产权转移登记的前提下，坚持以物抵债，由此产生的所有不利后果由申请人自行承担"。某数字公司代理人称，"如果法院出具以物抵债裁定书，我方即确认以物抵债，并确认由此产生的所有不利后果由申请人自行承担"。本案的争议焦点问题：能否在执行程序中作出实质上系股权回购的以物抵债执行裁定，该以物抵债裁定是否违法法律强制性规定。

【裁判结果】

北京市第二中级人民法院认为，根据 2018 年公司法第一百四十二条第一款的规定："公司不得收购本公司股份。但是，有下列情形之一的除外：（一）减少公司注册资本；（二）与持有本公司股份的其他公司合并；（三）将股份用于员工持股计划或者股权激励；（四）股东因对股东大会作出的公司合并、分立决议持异议，要求公司收购其股份；（五）将股份用于转换上市公司发行的可转换为股票的公司债券；（六）上市公司为维护公司价值及股东权益所必需。"第二款规定："公司因前款第（一）项、第（二）项规定的情形收购本公司股份的，应当经股东大会决议；公司因前款第（三）项、第（五）项、第（六）项规定的情形收购本公司股份的，可以依照公司章程的规定或者股东大会的授权，经三分之二以上董事出席的董事会会议决议。"上述条文虽规定在股份有限公司章节下，但也可适用于有限责任公司。本案中，从房山法院执行法官与某数字公司代理人的谈话内容以及某数字公司在复议阶段的意见可以看出，某数字公司并未举证证明其符合上述法律规定的除外情形，房山法院执行实施部门径直作出（2022）京 0111 执 4043 号以物抵债裁定，将某网络公司持有的某数字公司 18%股权抵偿其对某数字公司的债务，该裁定违反上述法律规定，应予撤销。某网络公司的复议请求成立，本院予以支持。房山法院裁定驳回某网络公司的异议请求，系适用法律错误，本院依法予以纠正。

北京市第二中级人民法院据此作出（2023）京 02 执复 369 号执行裁定：（1）撤销房山法院（2023）京 0111 执异 1220 号执行裁定；（2）撤销房山法院（2022）京 0111 执 4043 号执行裁定。

[评析]

执行程序中股权回购之以物抵债的相关法律问题

执行程序中强制处置财产的基本方式为拍卖、变卖、以物抵债等。为了实现执行标的物价值最大化、提高执行程序的效率、节约执行成本，法律明确规定了允许以物抵债，但以物抵债并非执行程序中首要和主要的变价方式。关于执行程序中以物抵债的法律规定极为有限，法律供给不足，而实践中不断出现新情况新问题，导致以物抵债程序在法律理解和实际适用上存在一些分歧，时常令执行法官困惑。

本案即在实践过程中出现民事执行与商事法律关系结合的新情况，即能否在执行程序中作出实质上系股权回购的以物抵债执行裁定？该以物抵债裁定是否违法法律强制性规定？据此，本文尝试探析在执行程序中股权回购之以物抵债的相关法律问题。

一、执行程序中的以物抵债运行机制

（一）以物抵债的概念及类型

"以物抵债"是指债权债务人协议以债务人的其他财产折价归债权人所有，用以清偿债务的行为。以物抵债的"物"是法律关系所指向的客体，泛指具有交换价值如动产、不动产、知识产权等法律不禁止流转的财产性权利，当然也包括股权。根据司法实践中以物抵债的各类情形，可以将其类型划分以下几种：（1）以抵债物的形态为标准，可分类为动产的以物抵债与不动产的以物抵债；（2）以抵债协议成立的时间为标准，可分类为债务履行期限届满前的以物抵债与债务履行期限届满后的以物抵债；（3）以抵债产生的原因为标准，可分类为双方当事人合意以物抵债与司法拍卖、变卖不成法院强制以物抵债；（4）以民事法律关系所处的诉讼阶段为标准，可分为诉讼前的以物抵债、诉讼中的以物抵债与民事执行程序中的以物抵债；（5）以抵债物的权属为标准，可分类为已发生物权变动的以物抵债和未发生物权变动的以物抵债。① 约定的以物抵债的时间不同，其法律效力不同，在债务发生之前，如债权人与债务人约定不能履行债务时以物抵债的，我国民法典对其持否定态度②，即流押条款无效，实为具有非典型担保功能的让与担保，债权人可以依法就抵押财产优先受偿，即禁止流押柔化；在债务发生之后约定以物抵债的，我国法律持肯定态度。

民事执行过程中的以物抵债，是指被执行人因不能履行执行依据确定的义务，以其所有的财产抵偿给申请执行人以履行法律义务的一种执行方式，③ 其实质是债权人受领其他给付以替代原给付，从而消灭债务的一种法律行为。在执行程序中，以物抵债主要有两种：一是双方当事人合意的以物抵债，主要法律依据是《民事诉讼法解释》第四百八十九条规定，经申请执行人和被执行人同意，且不损害其他债权人合法权益和社会公共利益的，人民法院可以不经拍卖、变卖，直接将被执行人的财产作价交申请执行人抵偿债务。对剩余债务，被执行人应当继续清偿；二是法院强制以物抵债，主要法律依据是《最高人民法院关于人民法院民事执行中拍卖、变卖财产的规定》（以下简称《拍卖变卖规定》）第二十条规定，拍卖成交或者以流拍的财产抵债的，人民法院应当作出裁定，并于价款或者需要补交的差价全额交付后十日内，送达买受人或者承受人。法院以强制以物抵债裁定使债权人以拍卖保留价获得拍卖物，并以之清偿原债，也称"法定代物清偿"。

---

① 夏正芳、潘军锋：《以物抵债的性质及法律规制——兼论虚假诉讼的防范》，载《人民司法（应用）》2013年21期。
② 见民法典第四百零一条、第四百二十八条。
③ 崔建远：《以物抵债的理论与实践》，载《河北法学》2012年3期。

（二）强制以物抵债的适用条件

关于执行阶段强制以物抵债的法律规定较为笼统、无具体规定。根据《拍卖变卖规定》第十六条、第二十条的规定，强制以物抵债有两个条件，一是申请执行人同意或者申请，二是该"物"能交付抵债。执行程序属于民事领域，虽然强制以物抵债系法院运用强制执行权的结果，亦应当符合民事行为的基本原则，即不得违反法律强制性规定、不违反公序良俗等。

那么股权是否可以以物抵债？股权系公司股东的权利，股权可以转让、回购。具有人合性的有限责任公司对其股权转让有一定限制条件，而具有资合性的股份有限公司的股份转让并无具体限制条件，股权并非法律禁止转让之"物"，故从广泛解释看，股权可以成为以物抵债的客体，并不违反法律强制性规定。而且自2022年1月1日起施行的《最高人民法院关于人民法院强制执行股权若干问题的规定》第二条规定，"被执行人是公司股东的，人民法院可以强制执行其在公司持有的股权，不得直接执行公司的财产"，可知股权成为执行程序中一种重要的财产。

二、股权执行的相关特点

第一，股权是具有适格性的执行标的，是一种财产性权利。股权是指基于股东身份对公司享有的权利的总称。[1] 股权作为股东转让出资财产所有权的对价，是目的权利和手段权利的有机结合，是团体性权利和个体性权利辩证统一的权利。[2] 股权作为一种财产性权利，具有资本性和流转性，股权作为执行标的具有适格性。

---

[1] 参见李建伟：《公司法学》，中国人民大学出版社2018年版，第226页。
[2] 参见江平等：《论股权》，载《中国法学》1994年第1期。

第二，股权执行是指人民法院根据债权人的申请，依生效的法律文书，对作为公司股东的被执行人持有的该公司股份或股权所采取的一种强制转让措施。股权的执行表现行为为通过司法拍卖、变卖程序对股权进行变价，实质上是对股权的强制转让和处分。因国家公权力介入私权纠纷，民事执行权介入公司自治，在保护债权人和兼顾公司自治双重因素下，公司自治权利需要暂时向执行权的运行回避和让渡，进而可能改变公司内部的法律关系，难免对公司正常生存经营带来影响，个别情况会对公司利益造成重大影响。

第三，股权执行的基本原则。股权执行既涉及民事诉讼法等程序法，又涉及公司法等实体法，程序与实体相互交织，决定了股权执行原则的独特性。股权的执行既要遵循执行诚信、执行依法、执行效率、执行比例、协助执行等强制执行程序中的基本原则，也要遵循公司法的基本原则，如股东财产与法人财产相分离原则、资本维持原则、利益平衡原则、保护有限公司人合性、保护股东优先购买权等，在实现债权人权益的同时，也要保护公司、股东以及公司其他债权人的利益，既要符合程序正义，又要符合实体正义。

第四，股权执行面临多重矛盾的调和。首先，协调公权和私权之间的关系，即执行权与公司自治权之间的协调。其次，协调司法权和行政权的矛盾。公司作为市场交易主体，对其特殊股权的转让、拍卖，需要行政机关通过行政许可的方式予以审批，方能办理过户登记。再次，协调私权与私权的冲突。股权执行程序参与主体众多，包括申请执行人、被执行股东、股权竞买人、公司本身、公司的股东、公司的债权人等，权利的碰撞与利益取舍难以回避。最后，协调程序法与实体法。我国民商事领域的立法，主要是着眼于市场主体的自主交易，很少顾及民事强制执行行为的公法属性，公司法对公司行为的强制性限制，能否同时约束人民法院的执行行为，这是需要探讨的问题。

三、股份（权）回购的限制

股份（权）回购是股东转让股权的一种特殊方式，但由于收购者是本公司，其并不单纯是股权的转让，而是股东撤回投资退出公司的行为。我国公司法采取"原则禁止、例外许可"的股份回购政策。我国公司法规定，原则上不得收购本公司股份，因为根据公司法中的人格独立原则，公司以其全部财产对公司债务承担责任。如果允许公司以自身的财产收购并持有本公司股份，势必会减少公司责任财产的范围，同时也给公司非诚信股东借此手段抽逃出资创造了机会。但在特殊情况下公司法又允许股份回购，但对于股份回购的方式、程序，公司法作了严格的规定。

2018年公司法只有第七十四条和第一百四十二条①两个条文涉及收购本公司股份②。第七十四条规定了有限责任公司的异议股东回购请求权，意在保护少数股东利益，使其撤资离开公司，第一百四十二条规定

---

① 公司法第一百四十二条规定："公司不得收购本公司股份。但是，有下列情形之一的除外：（一）减少公司注册资本；（二）与持有本公司股份的其他公司合并；（三）将股份用于员工持股计划或者股权激励；（四）股东因对股东大会作出的公司合并、分立决议持异议，要求公司收购其股份；（五）将股份用于转换上市公司发行的可转换为股票的公司债券；（六）上市公司为维护公司价值及股东权益所必需。公司因前款第（一）项、第（二）项规定的情形收购本公司股份的，应当经股东大会决议；公司因前款第（三）项、第（五）项、第（六）项规定的情形收购本公司股份的，可以依照公司章程的规定或者股东大会的授权，经三分之二以上董事出席的董事会会议决议。公司依照本条第一款规定收购本公司股份后，属于第（一）项情形的，应当自收购之日起十日内注销；属于第（二）项、第（四）项情形的，应当在六个月内转让或者注销；属于第（三）项、第（五）项、第（六）项情形的，公司合计持有的本公司股份数不得超过本公司已发行股份总额的百分之十，并应当在三年内转让或者注销。上市公司收购本公司股份的，应当依照《中华人民共和国证券法》的规定履行信息披露义务。上市公司因本条第一款第（三）项、第（五）项、第（六）项规定的情形收购本公司股份的，应当通过公开的集中交易方式进行。公司不得接受本公司的股票作为质押权的标的。"

② 关于股份回购的其他相关规定：《最高人民法院关于适用〈中华人民共和国公司法〉若干问题的规定（二）》第五条规定，人民法院在审理解散公司诉讼案件中，如果经过法院的调解，当事人能够通过转让或者减资达成股份收购协议，公司亦可以收购股东的股权；《最高人民法院关于适用〈中华人民共和国公司法〉若干问题的规定（五）》第五条规定，如果有限责任公司的股东出现重大分歧，公司也可回购股东股份，只要不违反公司法等法律强制性规定。

了股份有限公司收购本公司股份的特定情形，除外情形较少，并要求公司在依法回购本公司股份后，应当及时处理，防止股份长期虚置，影响公司运营。关于公司回购股权的法律依据：如果是股份有限公司，法律依据为公司法第一百四十二条；如果是有限责任公司，法律依据为公司法第三十五条①关于股东不得抽逃出资的规定，其中，抽逃也包含着抽回之意。

此外，根据《全国法院民商事审判工作会议纪要》第五条第二款之规定②，投资方与目标公司对赌，投资方请求目标公司回购股权，目标公司未完成减资程序的，人民法院应当驳回其诉讼请求。《全国法院民商事审判工作会议纪要》之所以要求必需先履行减资程序，实质是为了正确处理公司股东与公司债权人的关系，如果先回购成功，保护了投资方股东的利益，却实质上减少公司资本，缩小了公司的责任财产范围，直接影响公司债权人利益，这也是公司减资时需要严格遵守法律规定的重要原因。

四、是否允许未履行减资程序即作出股权回购的以物抵债裁定

人民法院在强制处置公司股权时，是否有必要考量相关行政审批部门的批准程序？解决该问题的实质是前文论述的协调司法权与行政权之间的冲突。一种观点认为，法院作出生效法律文书或者协助执行通知书时，已代替相关行政部门对股权变更的合法性问题进行了审查，无须相关行政部门再行审查，公司登记部门对于人民法院的协助执行要求，不应要求提供审批文件，而应径行变更，即使需要提供审批文件，人民法

---

① 公司法第三十五条规定："公司成立后，股东不得抽逃出资。"
② 根据该款规定，投资方请求目标公司回购股权的，人民法院应当依据公司法第三十五条关于"股东不得抽逃出资"或者一百四十二条关于股份回购的强制性规定进行审查。经审查，目标公司未完成减资程序的，人民法院应当驳回其诉讼请求。

院也可以要求行政部门协助执行,行政部门不应当再进行实体审查,只需直接作出批准文件。另一种观点认为,特殊公司股权执行中的前置审批,由于涉及行政许可法上的国家安全、公共安全、宏观经济调控等事项,必须由相关行政部门进行前置实体审查,这属于典型的行政许可。人民法院与行政部门的职能定位不同,对于行政许可事项,人民法院不能代替为之,行政许可事项并非司法机关所能决定,司法权不可能超越行政权使市场交易活动中的主体获得行政审批利益,而应当体现对行政权的尊重。因此,法院在要求公司登记部门协助变更特殊有限责任公司股权之前,必须要经过商务部门及证券监管部门等的前置审批。①

  正常情况下,法院在拍卖行为完成后,作出股权拍卖成交裁定并送达股权受让主体时就已经产生权利变动的法律效果,股权的权属就已经发生转移,而公司登记部门对股权的变更登记,在法律性质上应属于行政确认行为,不属于行政许可。但在股权拍卖成交后公司登记变更前的审批程序,属于行政许可的范畴,故《最高人民法院关于人民法院强制执行股权若干问题的规定》专门就前置审批类股权的执行作出规定。行政部门重点审查受让人是否符合案涉股权的受让主体范围。人民法院在强制执行股权时,既要符合执行程序相关规定,也需要符合公司法等实体法上关于股权转让、回购等的强制性规定。其实,在执行程序中涉及司法权与行政权协调的情形亦不少,例如,法院拍卖标的被行政机关认定为违章建筑的情形的处理等。

  股权拍卖流拍或者变卖未成功的,申请执行人、其他债权人可以申请以物抵债。② 当然,在股权每次流拍或者变卖未成交后,执行法院也可就是否接受抵债向本案的申请执行人、申请参与分配的债权人即已知

---

  ① 参见张建:《执行程序中行政部门协助变更股权若干问题研究》,载《人民司法(应用)》2014年第21期。
  ② 法律依据为《拍卖变卖规定》第十六条和《最高人民法院关于人民法院网络司法拍卖若干问题的规定》第三十七条的规定。

的对股权享有优先受偿权的债权人征求意见。实践中主要争议点在于股权能否在首拍流拍后就申请以物抵债，但本案系二次网络拍卖后流拍予以抵债的情形，故本文在此不赘述。

对于股权流拍的，债权人申请以该股权抵债的，在需要进行审批变更或者有其他强制性规定的情形下，人民法院亦应参照适用前置审批类股权拍卖规定，要求该债权人在合理期限内向相关部门申请办理股权变更批准手续。债权人符合受让股权条件的，法院应作出以该股权抵债执行裁定。那么对于申请执行人（债权人）系本公司，且其同意以股抵债的，该债权人应当证明符合法律规定公司收购本公司股份的除外情形，平衡好司法权与私权（公司其他债权人权益）、行政权（公司登记管理秩序）之间的冲突。

本案中，被执行人是某网络公司，申请执行人是某数字公司（有限责任公司），某网络公司是某数字公司的股东之一。由于案涉股权经过法院强制司法拍卖，一拍、二拍均流拍，申请执行人某数字公司同意以二拍保留价将案涉股权交其抵偿债务，实质上构成了收购本公司股份。即使执行法院在作出以物抵债裁定之前，再三询问申请执行人是否可以变更登记，申请执行人回复法院先出具以物抵债裁定，再予以减资，执行法院能否据此作出以物抵债裁定？是先作出以物抵债裁定后减资，抑或是先减资后以物抵债？

根据公司法关于有限责任公司回购的规定，即2018年公司法第三十五条关于股东不得抽逃出资规定，参照2018年公司法第一百四十二条公司回购股份的除外情形（本案主要涉及减少公司注册资本）以及《全国法院民商事审判工作会议纪要》关于投资公司要求目标公司回购股份的规定，本案的以股抵债应先履行减资程序，或者证明受让人符合股权回购的除外情形，才能准许申请执行人回购公司股份，法院才能作出以物抵债裁定，否则会造成公司资本的整体减少，侵害公司债权人的利益，故法院不能以申请执行人同意以物抵债为由就直接作出以物抵债裁定，否则将违反公司法关于公司回购股份的强制性规定，最终二审法院撤销了实质为股权回购的以物抵债裁定。

  此外，值得思考的一个问题：在本案这种情况下，执行法院应该如何执行？如申请执行人坚持要求以物抵债，但未提交符合公司法关于股权回购的例外情形，而申请执行人同意减资，只是要求法院给其一定的给付申请执行人时限，此时就需要面临执行程序效率性、保护胜诉债权人利益以及公司法关于股份回购规定强制性规定的平衡问题？笔者认为，执行程序虽追求执行效率、最大化实现执行标的价值，但本案股权处置涉及公司法相关强制性规定，需要在追求效率的原则下符合实体法的强制性规定。可以参照2018年公司法第一百七十七条关于公司减资程序、第一百四十二条关于股份回购程序的规定，给予申请执行人一定的期限进行减资，且根据公司法相关规定，回购的股份不享有表决权、不得参与红利分配，处于虚置的状态，对减资程序不构成障碍，若期限届满仍未完成公司减资，法院不予作出以物抵债裁定，若期限届满前完成公司减资，法院依法作出以物抵债裁定。

最新法律文件解读丛书
稿　　约

　　最新法律文件解读丛书是一套以为最新法律规范提供同步"解读"为主的系列丛书,分为刑事、民事、商事、行政与执行4个分册,按月出版。

　　本丛书以"解读"为重点,突出全、专、新、快、准等特点,通过对最新出台的法律、法规、司法解释、部门规章以及重要地方性法规进行同步动态解读,弥补了法律、法规、司法解释汇编类出版物没有同步阐释、解读内容的不足,为广大读者学习理解最新法律规范,正确贯彻执行法律文件,及时解决实践中的新情况、新问题,提供一个全方位、多层面的法律信息平台。

　　欢迎您向以下栏目赐稿:

　　【最新法律文件解读】主要是对最新颁行的法律文件进行解读,帮助司法和执法人员正确理解法律文件的立法背景、意义、重点内容、在适用中应注意的问题、与相关法律文件的衔接与互动关系等。

　　【司法实务问题研究】主要刊登对司法理论、实务及司法管理工作中的热点、疑难问题进行研究及评论的文章。

　　【新类型疑难案例选评】主要是对司法和行政执法实践中具有典型性和代表性的疑难案例,结合具体案情以及审理或处理结果进行简练精辟的点评,解析认识问题的方法、处理问题的法律依据和在个案中的具体适用。

　　【法学前沿与新视点】以摘要的形式刊登相关法学理论研究的最新动态及具有代表性和典型性的前沿问题,扩展法学研究的深度和广度。

　　【法律适用问题解答】主要针对司法和行政执法实践中面临的新问题、热点问题、疑难问题进行简要的解答,指出涉及的法律关系,明确法律适用依据。

　　稿件一经刊用即付稿酬,稿酬从优。

《刑事法律文件解读》　　　　周　敏　　邮箱:xingshijiedu@163.com
《民事法律文件解读》　　　　杨　洁　　邮箱:1216921515@qq.com
《商事法律文件解读》　　　　路建华　　邮箱:shangshijiedu@126.com
《行政与执行法律文件解读》　丁塞峨　　邮箱:1290312696@qq.com

人民法院出版社
最新法律文件解读丛书编辑部

人民法院出版社 2024 年连续出版物

中国审判指导丛书

1.《刑事审判参考》
最高人民法院刑事审判第一庭、第二庭、第三庭、第四庭、第五庭共同主办。全年 6 辑，每辑 68.00 元，共 408.00 元。

2.《民事审判指导与参考》
最高人民法院民事审判第一庭编。全年 4 辑，每辑 68.00 元，共 272.00 元。

3.《商事审判指导》
最高人民法院民事审判第二庭编。全年 2 辑，每辑 68.00 元，共 136.00 元。

4.《立案工作指导》
最高人民法院立案庭编。全年 2 辑，每辑 68.00 元，共 136.00 元。

5.《审判监督指导》
最高人民法院审判监督庭编。全年 2 辑，每辑 68.00 元，共 136.00 元。

6.《知识产权审判指导》
最高人民法院民事审判第三庭编。全年 2 辑，每辑 68.00 元，共 136.00 元。

7.《涉外商事海事审判指导》
最高人民法院民事审判第四庭编。全年 2 辑，每辑 68.00 元，共 136.00 元。

8.《中国少年司法》
最高人民法院少年法庭指导小组编。全年 4 辑，每辑 68.00 元，共 272.00 元。

9.《执行工作指导》
最高人民法院执行局编。全年 4 辑，每辑 68.00 元，共 272.00 元。

10.《国家赔偿与司法救助办案指导》
最高人民法院赔偿委员会办公室编。全年 2 辑，每辑 68.00 元，共 136.00 元。

最新法律文件解读丛书

《刑事法律文件解读》《民事法律文件解读》《商事法律文件解读》《行政与执行法律文件解读》
人民法院出版社编。全年 12 辑，每辑 28.00 元，共 336.00 元。

判解研究系列

1.《判解研究》
中国人民大学民商事法律科学研究中心主办，著名民法学家王利明教授主编，CSSCI 来源集刊。全年 4 辑，每辑 68.00 元，共 272.00 元。

2.《刑事法判解》
北京大学法治与发展研究院刑事法治研究中心主办，著名刑法学家陈兴良教授主编，车浩教授任执行主编。全年 2 辑，每辑 68.00 元，共 136.00 元。

3.《刑事法判解研究》
北京师范大学刑事法律科学研究院编。全年 2 辑，每辑 68.00 元，共 136.00 元。

司法从业人员案头必备权威工具书

1.《司法文件选》
最高人民法院研究室编。全年 12 辑，每辑定价 8.00 元，共 96.00 元。

2.《司法文件选解读》
最高人民法院研究室编。全年 12 辑，每辑定价 10.00 元，共 120.00 元。

3.《司法文件选（2023 年合订本）》
最高人民法院研究室编。本书定价 82.00 元。

4.《司法文件选解读（2023 年精选集）》
最高人民法院研究室编。本书定价 86.00 元。

银行汇款方式：
开户银行：工行北京国家文化与金融合作示范区金街支行
账号：0200000709004606170
开户名称：人民法院出版社有限公司
传真：010-67550541
上述图书，邮购请加 15% 邮费。

邮局汇款方式：
邮编：100745
地址：北京市东城区东交民巷 27 号
联系人：人民法院出版社有限公司
咨询电话：010-67550595　67550536